ついつい抱え込んでしまう人が

もう無理！

と思ったら読む本

根本裕幸

はじめに

突然ですが、「あなた、抱え込んでいませんか？」。

私はプロのカウンセラーとして、さまざまな悩みを抱えた人のお話を聞いています。仕事を始めて20年近くになりますが、最近、仕事やストレスを抱え込んでしまう「抱え込み症候群」の人が増えていると実感します。カウンセリングの場で先ほどのような質問をすると、「そうなんです」「どうしてわかったんですか？」と答える人がたくさんいらっしゃるのです。

断ることが苦手で、限界以上の仕事を請け負ってしまう人。
人の顔色をうかがって、ガマンばかりしている人。
仕事とプライベートの板挟みで「疲れが抜けない…」とぐったりしている人。
みなさん真面目で責任感の強い人ばかり。その責任感が、かえって自分のことを苦しめているように見えます。

かく言う私も、かつては抱え込んでいました。他人からの期待に応えようと必死で、あれもこれもやらなければと抱え込み、会社に行けなくなってしまったのです。

しかし、カウンセリングを通じて自分と向き合う中で、「抱え込み症候群」に共通するパターンを見つけ、克服することができました。


抱え込み症候群は、治ります。

私のところにいらっしゃる相談者の中でも、「抱え込み症候群」からの卒業に成功した人がたくさんいます。

この本では、私がカウンセリングの場で行い、効果があった「抱え込みからの脱出方法」を紹介します。読んでいくうちに心がほぐれ、ラクに生きられるようになるでしょう。

あなたも、この本で「抱え込み症候群」から抜け出しませんか。

根本裕幸

もくじ

2 あなたが「抱え込んでしまう」理由

3 抱え込みから脱出する

4 まわりの人を上手に頼るには

5 ほどよい距離感でラク～に生きる

6 抱え込むのも悪くない

付録 ワークシート

かおりの場合
最近残業続きで疲れ気味かな
今日は早く帰ろ～
かおりくん!
ビクッ
ハイッ
部長!?
新製品の試作で不具合が発生したらしい
えっ
…で、今から取引先に行ってくれないか?
オレあそこの部長苦手でさぁ
え…
またですか…

なんでいつも私が!?
ウガーーーッ
ぐるぐる
でも、そんなことでムッとされるのもイヤだし…
しゅん…
わ、わかりました…
たのんだよ～
はぁ～…
早く帰りたかったのに…
お先っス!!
合コンあるんで!!
うまく収まるかな…
ドンッ
危ないだろ!おばさん
私…なにやってんだろ
ハァ…

美咲の場合
戻りました〜
お疲れ様〜
疲れた…
今日のクライアントの無茶ぶりといったら…
あっかおり
よっと
あのさ…
え？
スッ
おつかれ〜
すごい急いでる…
どうかした？
もしかして、なんか怒ってる？
気のせいだといいけど…
お茶いれよ
給湯室
ん？
あの人、部長のお気に入りだよね

そうそう、ずるいよね
営業成績がいいのも、部長にひいきされてるからだよね
おお…なんか激しいな…
入れない…
モヤ モヤ モヤ モヤ
誰のことだろう…
ぐるぐるぐるぐるぐるぐる
もしかして私のこと？・だったらどうしよう
あら？
びくっっ
あ、いたの
明日会議だって〜
お疲れ様です…
モヤモヤが晴れない…

エミの場合
そろそろ保育園のお迎え…
早く帰らないと
ではこれで会議は終了に
よしっ、急ぐわよ〜
ガタッ
先輩!!
サササー
え!?
この資料全然ダメって部長に怒られちゃって〜
てへ♡
なる早でチェックしてもらえませんか?
家でみてメールするわ
わ…わかった

おまたせー
ただいまー
おかえりー
あ、パパだ
遅かったなー
お腹すいたよ〜
ママーおなかたべたいー
だら〜
……
先パイ☆ メシまだっスか？
石田
メシまだーー？
プル
プル
私は休んじゃいけないの!?

なんで私ばっかり!?
…もう…
ムダだ!!
どうも
心理カウンセラーの根本です
ビュンッ
だれっ!?
みなさん、抱え込んでますね
ずしっ
問題
かおりさんは自分に自信が持てず、なかなか意見が言えないことにモヤモヤしていますね
えっ
たしかに…
美咲さんは状況を敏感に察して、ついつい他人のことを考えすぎて、いっぱいいっぱい

エミさんは会社でも家庭でも「しっかり者のお母さん役」を引き受けてしまって疲れていますね
そうなんです〜
そんな抱え込み症候群
一気に治しましょう！
でも…それって性格だし…
治らないんじゃ…
ノンノン!!
諦めるのはまだ早い！
自分の気持ちやストレスを抱え込んでしまう心の仕組みがわかれば、治すことはできますよ！
これに沿って、抱え込み症候群から卒業を！
自分の抱え込みタイプを知る
↓
ワークで抱え込みから脱出
↓
上手に他人を頼るトレーニング
私でも、変われるかな…
やってみよう!!

登場人物紹介

かおり（32）

メーカーで商品開発を担当。おっとりした性格で、No と言えない。

美咲（33）

メーカーで営業を担当。つい相手の顔色や感情をうかがってしまう。

エミ（41）

メーカーのベテラン社員で一児の母。仕事と家庭のバランスに悩む。

石田くん（25）

かおり達三人の後輩。底抜けに明るいが、イマイチ頼りない。

安藤部長（55）

かおり達三人の上司。ニコニコしつつ、指示は厳しい。お酒が大好き。

根本先生

心理カウンセラー。かおり達三人を抱え込み症候群から救う。

1

あなた、抱え込んでいませんか？

知らないうちに「抱え込んでいる」こと、ありませんか？

まずは自分を振り返ってみましょう

なんだか最近、やる気が出ない。
人付き合いで、気疲れしてしまう。
体調が悪いわけではないけれど、心と体がいまいちしっくりきていない。
モヤモヤした気分が続いている。

この本を手に取ったあなた、そんなふうに感じていませんか。
そんなふうに思っているとしたら、あなたの心が無意識のうちにＳＯＳを出しているのかもしれません。

落ち着いて、ゆっくりと最近のあなたを振り返ってみましょう。
そういえば、後輩の仕事を手伝うことが多く、残業続きだ。
夫の帰りが遅く、家事も育児も一人で全部こなしている。
いつも余裕がなくて、イライラしてしまう。

どうでしょう、思い当たるフシはありませんか。**責任感の強いあなたは、ついいろいろな問題を自分一人で抱え込み、知らず知らず、ストレスをため込んでいるのかもしれません。**

「もう無理!!」と爆発寸前のあなたも、**「もしかして、抱え込んでいる？」**と半信半疑のあなたも、この本を手に取った今が、変化するチャンスです。

次のページから、抱え込み症候群の人が陥りがちなケースと、代表的な3つのタイプを見ていきましょう。

ケース
1

断りたいけど断れない
イヤと言えない自分にモヤモヤ

急な残業に気の進まない飲み会など、頼まれるとイヤと言えずに引き受けてしまうことはありませんか。「本当は疲れていて、早く帰りたかったのに…」。こうした自分の思いにフタをして、他人に合わせてばかりいると、ストレスを抱え込んで、いつか爆発してしまうかもしれません。

ケース 2

「助けて」と言えない

心の中ではいろいろな悩みを抱えていて、助けを求めている。けれど、「助けて」の一言が言い出せず、気づいたら今日も他人の愚痴を聞いていた…。そんなあなたは、小さい頃からしっかり者の、優等生だったかもしれません。

ケース
3

他人の一言で傷つき、ストレスをため込んでしまう

「太ったんじゃない？」「なんで結婚しないの？」「子どもは？」。他人の発した何気ない一言が気になって、夜も眠れない。「あのとき、あんなふうに言い返せばよかったのに」と、あとあと引きずってしまう…。他人の言動にいちいち振り回されていると、心も体も疲れてしまいます。

ケース
4

何でも自分のせいにしてしまう

敏感で心のアンテナの感度が高い人は、他人のちょっとした変化によく気づきます。気が利く、空気が読めるなど、プラスに働くこともありますが、行きすぎると、他人に振り回されてしまいます。他人の言動の原因を「自分のせい」と考えるようになったら、注意が必要です。

ケース
5

「完璧でないといけない」と思い込んでいる

「目標があるから頑張れる」というように、目標や理想を掲げることは、モチベーションのアップにつながります。ただし、高すぎる理想は要注意。「こんな自分ではダメだ」と自己嫌悪に陥ってしまったり、「理想通りの自分でいなければ」と強すぎるプレッシャーをかけ、心身ともに消耗してしまいます。

ケース
6

「しっかり者」と思われて、弱音を吐けない

仕事でもプライベートでも、まわりから頼られるタイプの人は、「できない」「困った」と言うのが苦手。「君ならできるよね」「頼りにしています」と言われると、つい応じてしまい、自分一人で抱え込んでしまいます。

ケース
7

仕事ができるようになればなるほど、オーバーワークに…

自分の仕事を頑張り、ようやく終わらせても、それを見た上司から追加の仕事が…。
抱え込む人は、その責任感の強さから仕事を懸命にこなしますが、そのために、さらに多くの仕事を頼まれやすくなってしまうのです。

ケース
8

まわりの面倒をついみてしまう

抱え込んでしまう人は、面倒見がよく、聞き上手な人が多いもの。家庭では夫や姑に気を遣い、職場では中間管理職として上司と部下の板挟みになることも珍しくありません。
やさしく気配りをするタイプほど、誰にでもいい顔をしてしまい、ストレスを抱え込んでしまいます。

ケース 9

自分の居場所をキープするために頑張りすぎてしまう

自分に自信のない人は、「人から頼られること」「人から評価されること」で自分の居場所をキープしようとします。頑張らなければ認めてもらえず、自分の居場所を失ってしまうと思っているのです。
仕事を他の人に任せることが苦手な人に多いケースです。

ケース 10

他人に任せるより自分でやったほうが早い

「人に任せると、よけいに時間がかかるから」と言って、何でも一人でやろうとするクセはありませんか？　それを繰り返していると、人に頼れず、何でも抱え込んでしまいます。一見プライドが高い人に多そうなケースですが、自己評価が低く、「しっかりしている自分」を強く求める人にも見られます。

チェックリストで抱え込みタイプを診断

あなたの**抱え込みタイプを診断**します。
当てはまるものにチェックをつけましょう。

A

- □ 他人からの評価がとても気になる
- □ 頼まれごとを断るのが苦手だ
- □ 「嫌われたらどうしよう」とビクビクしている
- □ 他人の期待に応えることで、必要とされていたい
- □ 自分が何をしたいのか、わからなくなるときがある
- □ 大勢の集まりに行くと気後れし、疲れてしまう

合計 □

B

- □ 昔から「気が利く」と褒められてきた
- □ 空気を読むのが得意だ
- □ 先回りして動くクセがある
- □ 他人の様子の変化にすぐ気づくほうだ
- □ 仕事はテキパキと効率よくこなすほうだ
- □ 自分の気持ちを抑えてしまうことが多い

合計 □

C

- □ 「頑張っているのに報われない」と感じることがある
- □ きょうだいや友達の面倒をみることが多かった
- □ 「人に迷惑をかけてはいけない」が口グセだ
- □ 後輩から悩みごとの相談をされることが多い
- □ 自分は融通が利かないほうだと思う
- □ 人に任せるより、自分でやったほうが早い

合計 □

抱え込みタイプは3つ

前ページのチェック項目のうち、どこにより多くのチェックがついたかを確認しましょう。

抱え込み症候群の人は、大きく3つのタイプに分かれます。

Aに多く当てはまった人
↓ **自己肯定感が低いタイプ**（かおりタイプ、37ページ）

Bに多く当てはまった人
↓ **敏感タイプ**（美咲タイプ、38ページ）

Cに多く当てはまった人
↓ **しっかり者タイプ**（エミタイプ、39ページ）

複数のタイプが同じ数だけ当てはまった人は、両方のタイプを持ち合わせています。
次のページから、それぞれのタイプについて、見ていきましょう。

自己肯定感が低いタイプは、自分を出せない

自己肯定感とは「自分はこれでいいのだ」と、**自分の存在価値を認める感情**のこと。この感情が低いタイプは、一言で言うと、「自分に自信がない」タイプです。

ありのままの自分を認められず、自分の評価を他人に委ねてしまうため、**いつも人の顔色をうかがってビクビクしている**ようなところがあります。

また、「ありのままの自分を出して、嫌われたらどうしよう」という不安から、頼まれごとなどを断りたいのに断れなかったり、自分の意見を主張できなかったりします。

まわりに流されてイヤなことを引き受けるなど、ガマンやストレスを積み重ねやすい人です。すると、抱え込みすぎて「もう無理！」と爆発してしまうのです。

敏感タイプは、空気を読みすぎる

敏感タイプは、「気が利く」人や「相手の気持ちを察する」人に多いタイプです。

基本的に感受性が高く、**他の人が見過ごしてしまうようなことにも気づく、感度の高いアンテナ**を持っています。

そのため、相手が少し不機嫌そうに見えただけで「どうしたのかな」とそわそわしたり、「怒っているのでは…」と不安になったりします。また、相手の気持ちを読みすぎて、自分の意見を押し通すことも苦手です。

敏感さがあだとなり、自分の気持ちを抑えて他人を優先しがちなところがあります。抱え込みすぎて気疲れすると、「もうダメ…」とふさぎ込んでしまいます。

しっかり者タイプは、他人を放っておけない

しっかり者タイプは、いわゆる「優等生」に多いタイプです。小さい頃からきょうだいの面倒をみてきた**長子**や、**母親から頼られることが多かった人**によく見られます。

「ちゃんとしていなければ」「しっかりしていなければ」という意識が強く、他人が困っているのを放っておけないため、ついつい**キャパシティ以上の仕事を抱え込んで**しまいます。頑張りすぎて、報われなさや徒労感を抱えることもあります。

他人の面倒ばかりみて、自分を大切にするヒマがなく、いつもヘトヘト…。こうして疲れがたまると、「もう無理！」と投げ出したくなってしまいます。

次の章からは、あなたが抱え込んでしまう理由や背景に迫っていきます。

column

私も抱え込んでいました

かく言う私も、昔は抱え込んでいました。

小さい頃から「しっかりしなければ」「優等生でいなければ」という意識が強かった私は、いい子ちゃんを演じたまま大学を卒業し、希望の会社に就職することに成功しました。

配属されたのは花形部署。「頑張るぞ」「上司や先輩の期待に応えなければ」という気持ちが募り、必死で頑張るものの、いつしか空回りするようになっていきました。

「こんなこともできないの？」と言われるのが怖くて、質問できない…。「あいつ、期待外れだったな」そんな陰口におびえて、自然にふるまえない…。

そんな日々を過ごしているうちに心と体が疲れ果て、入社１年目で会社に行けなくなってしまったのです。

この出来事をきっかけに私はカウンセリングに触れることになり、それが人生の大きな転機となりました。心理カウンセラーとして活動する現在につながる、私の「抱え込み」体験でした。

2 あなたが「抱え込んでしまう」理由

しんどい気持ちの原因は、「抱え込み」かも

自分で自分を苦しめる「抱え込み」

まわりの人からの依頼や期待を断れずに背負い込み、仕事や心理的なストレスを多く抱えてしまう人を、**抱え込み症候群**と私は呼んでいます。

私のカウンセリングにも「抱え込んで悩んでいる」人が多くいらっしゃいます。話していると、責任感が強く、真面目な人が多い印象を受けます。そのため、仕事も家事もテキパキこなすのですが、誰かに何かを頼ることが苦手で、問題や悩みを**一人で抱え込み、パンク状態になってしまうのです**。また、周囲の期待に応えなければとい

う思いから、「できません」と言うことができず、**自分のキャパシティ以上のことを引き受けてしまう**こともあります。

プライベートで抱え込むタイプの人は、家事や育児などを一人で完璧にこなさなければという思いが強く、慢性的に疲れを感じやすい傾向にあります。

抱え込みから抜け出そう

抱え込み症候群の人は、人に嫌われることをおそれていて、**自分の本当の気持ちを抑えるクセ**がついています。ありのままの自分を認める気持ちが足りない、つまり**自己肯定感が低い**ことから、ついつい人の気持ちを優先してふるまい、ストレスをためてしまうのです。

抱え込みすぎるとどうなってしまうのか、次のページで見ていきましょう。

【自分がいま「抱え込んでいる」ということに気づこう】

抱え込みすぎるとこうなってしまう

抱え込みすぎて心身に不調をきたし、
会社に行けない

自律神経に不調をきたす

限界に達するとストレスが爆発する
予想外の行動をとってしまうことも

報われない気持ちを抱えて、人に恨みを抱いてしまう
まわりの人が信じられなくなる

ガマンしすぎて、自分の気持ちがわからなく
なってしまう

意見を言わないため、まわりの人に自分のことをわかってもらえない。人間関係や出世にひびくことも

まわりが調子に乗り、ますます抱え込むことに

部下や後輩の仕事まで背負ってしまい、
まわりが成長しない

抱え込みの原因は「自己完結」

抱え込みやすい人は、何でも自分で解決しようとします。「これはどうしたら…」と思っても、気軽に人に尋ねることができず、自問自答を繰り返してしまうのです。一つひとつは小さな問題でも、「チリも積もれば山となる」で、心の負担はどんどん大きくなってしまいます。

自己完結していませんか

あなたが抱え込む人になってしまう理由、それはズバリ**「自己完結グセ」**です。

36ページの3つのタイプに共通して言えることとして、「人に迷惑をかけるくらいなら、自分がガマンすればいい」「これくらいのことは、自分でやらなければ」などと**気負い、人に頼らずに一人で解決しようとする傾向**があります。

なかには「『こんなこともできないの』と思われるのが恥ずかしい」という不安や、「これくらい自分でなんとかしなければ」という責任感の強さが、自分を追い詰めている可能性もあります。

わからないことや困ったことがあったときに、安易に人に頼るのではなく、自力でなんとかしようとするのはよいことです。しかし、それが行きすぎると、自分と他人の間に距離を感じるようになります。するとますます人に頼れず、**自分一人で問題を抱え込む**状況になってしまうのです。

自己完結グセを直すための方法を124ページで紹介しています。ぜひやってみてください。

考えグセがあなたを追い詰める

世の中には、自力で頑張ってうまくいくこともあれば、自分一人ではどうにもならないこともあります。**自分一人ではどうにもならないことは、人に頼るなり相談するなりして、さっさと手放してしまうのが得策**ですが、自己完結グセのある人は、それができず、「ああでもない、こうでもない」と自分一人で考え込んでしまうのです。

たとえば、明らかに自分では処理しきれない量の仕事を振られたとき。自己完結グセのない人であれば、振られた瞬間に「この量をお受けするのは難しいです」と返事をすることでしょう。

一方、自己完結グセのある人は、いったんそれを受け取って、心の中で悶々としてしまいます。「これも今日中だし、あれも今日中だし…。残業したら間に合うかな…いや、間に合わない。もう一度、上司に掛け合ってみようか…でも…」。

こんなふうに、自分でぐるぐる考えている間に、上司はあなたがその仕事をできるものだと考えてしまうかもしれません。**するとますます「わかってもらえない」状況**

が続き、「自分一人でなんとかしなくちゃ…」と孤立感を深めてしまうのです。

「頼れない」とハードルを上げているのは、自分

自分で問題を解決してきた経験は自信にもなりますが、その自信が積もれば積もるほど、**「人に頼る」ことのハードルを上げてしまう**ことにもなりかねません。

「あのときもできた、だから今日も…」「こんなことで音をあげちゃいけない」と、自分に課す厳しさも増し、ますます人に頼れなくなるのです。

人に頼れない心理状況になると、「味方が一人もいない」という孤独な気持ちになったり、「しっかりしていなければ」とピリピリしてしまって、心にも負担がかかります。

たとえ自分でできることの範囲は狭くても、**気軽に人に頼ることができることは生きていくうえで強力な武器になる**のです。

一方、それができないと、いつまでたっても「苦しい」状態が続いてしまうでしょう。

「これくらい自分でなんとかしよう」が積もると、抱え込みに

上手に人に頼れるようになるための方法は、4章で紹介しています。

人間関係の希薄さが抱え込みを加速させる

他人のちょっとした一言に傷つきやすい人が増えているようです。他人が冗談のつもりで発した一言を真に受けてしまったり、うまくかわせずに落ち込んだり…ということも。人との関係がうまくいかない原因は、幼少期からの人付き合いのクセにあるかもしれません。

何でも真に受けてしまう現代っ子

人からの言葉に傷つきやすい人も、悩みやストレスを抱え込みやすくなります。その背景として、昔に比べて**人間関係が希薄になっている**ことが挙げられます。

昔はきょうだいが多かったり、外で遊ぶ機会が多かったりしたことから、ちょっとしたいざこざや喧嘩は日常茶飯事でした。小さなトラブルを通じて、仲直りの仕方や自己主張、譲り合いなどを学び、それが**コミュニケーションの土台**になっていったのです。

しかし最近では、きょうだいが少なかったり、小さい頃から塾通いで友達と遊ぶ機会が少なかったり、一人でできるゲームをする時間が長かったりすることで、**他人に揉まれる機会がないまま大人になる**人も少なくありません。すると人付き合いにおいてどうしたらいいかわからず、他人との適切な距離感が測れなかったり、相手が冗談のつもりで言った一言に傷ついて、まわりの人を遠ざけてしまうことがあるのです。

きょうだいでおもちゃを取り合ったり、友達同士で喧嘩と仲直りを繰り返したりという経験は、大人になってからの人間関係に活かされます。

小さな衝突に慣れていない

また、親子関係も変わってきています。

近年の少子化で子どもの数が少なくなり、一人にかける時間が増えました。それに伴って、「子どもを大切に育てたい」と強く願う親御さんが増え、育児や教育に熱心に取り組むようになりました。

その一方で子どもに疎まれたくない、嫌われたくないという思いも芽生えるようになり、「子どもをうまく叱れない」ともらす親御さんも増えています。

いたずらをして、大目玉を食らった。

わがままを言ったら叱られて、号泣した。

こうした小さな衝突の機会がないまま大きくなると、叱られることや失敗、挫折への耐性ができません。**仕事やプライベートでのちょっとした行き違いで大きなショックを受けてしまい、引きずってしまう**ようになるのです。

たとえば、仕事上でミスを指摘されたときに、「今度から気をつけよう」と思うのではなく、「あの人は自分のことが気に入らないから、こんなことを言ってくるんじゃ…」と深読みしてしまうなど、**一つの出来事を過剰に膨らませて、相手との関係にまで影響を及ぼしてしまう**のです。そうすると、**ますます人に頼れず、抱え込む**ことが増えてしまいます。

まわりの人の言動や顔色を読みすぎてしまうと感じている人は、**幼少期のことを振り返ってみましょう**。

家族や他人と意見をぶつけ合ったり、喧嘩したりといった関係はありましたか？

子どもの頃の人間関係に、あなたの**「抱え込み」のルーツ**があるかもしれません。

【人との距離感がわからないと、抱え込みやすくなる】

子ども時代の喧嘩や叱られた経験などから、私たちは他人との距離感を学んでいきます。

90点を取ってもダメ出し？

テストの得点が 90 点だったとして、「ここができてない、まだまだだな」と思うか、「高得点だ！　すごい！」と思うかは、人それぞれ。できないところを見つけて伸ばす学校教育の影響を強く受けていると、ダメなところ探しがクセになり、いつまでたっても自信が持てません。

褒められたこと、ありますか？

あなたは自分を褒めることが上手ですか？　私のところに相談に来られる人は、総じて「苦手です…」とおっしゃいます。日本人の**「褒め下手」、つまり自己肯定感の低さは、学校で受けた教育にも大きな原因がある**と思います。

あなたは学生時代、先生から「テストでできなかったところを振り返りなさい」と言われませんでしたか？　たとえ90点を取ったとしても、「よくやったな」ではなく、「ここが苦手なようだな」と指摘されたり…。学校教育では、できないところを見つけて伸ばすことが求められているため、褒められることより注意されることのほうが多かったかもしれません。

さらに、家庭でも厳しくしつけられたり、親からの期待を強く感じていたりすると、自分を抑えて頑張ることが得意な子になります。一方で、褒められることに慣れておらず、**自分に自信が持てないまま大人になってしまう**ケースも…。

できたところよりも、できなかったところに目を向けてしまいませんか？　できたところに「あなたの価値」があるのです。

「自分は○○が苦手だ」と苦手なことを認識していること自体はいいのですが、そればかりに意識を向けていると**「ダメな自分」ばかりが強調され、それが自己イメージにつながってしまいます**。

自己肯定感がないと、物事をゆがめて解釈してしまう

人から褒められることに慣れておらず、自分で自分を褒めることもない場合、自己肯定感は低くなりがちです。

自己肯定感が低い人は、何をするにも人目を気にしてしまい、堂々とふるまえなかったり、自分の意見を他人に伝えることができないなどの問題が生じてきます。

また、日々の出来事においても、正確な判断ができなくなってしまいます。**自分はダメだということが前提にあると、いろいろな物事をゆがめてとらえてしまう**のです。

たとえば、仕事がとても速いAさんが、同僚の倍のスピードで仕事を終わらせたとします。そこへ上司がやってきて、追加の難しい仕事を命じました。その結果、A

さんは残業することになりました。

こんなとき、Aさんの自己肯定感が低いと、自分の仕事が速いということに気づけず、「仕事が終わらないのは、自分の能力がないからだ」と思ってしまいます。そんなAさんを尻目に、追加の仕事を命じられなかった同僚たちは次々と帰っていくという事態に…。Aさんは「どうして私ばっかり」とストレスを感じ、ますます自信をなくしてしまいます。

自己肯定感が低いがゆえに、**仕事量や仕事の難易度について客観的に判断することができず、うまくいかないことをすべて自分のせいにしてしまう**のです。そしてそれを「もっと自分が頑張れば」と努力することで補おうとするのですが、それが**オーバーワークなど、新たな抱え込みにつながってしまうのです**。

自己肯定感が低いと、無理な頑張りをしてしまう

自己肯定感の低さが原因で、ついつい仕事やストレスを抱え込んでしまう場合は、自分の根本にある「自分はできない」という思い込みを取り払うことが大切です。

普段から、自分のいいところや、自分なりに頑張ったところを探してメモすることを習慣づけることで、自己肯定感が上がりやすくなります。

母性本能の強さが、抱え込む状況をつくる

30代以降は会社などでも後輩が増え、「しっかりしなければ」と思うことも多いはず。後輩が苦労していたり、叱られていたりするのを見るくらいなら、自分が抱え込んでしまおう…。こうした母性本能にも似た意識が働いて、あえてトラブルの中に飛び込んでいく人もいます。

30代から40代は難しい時期

抱え込んでしまう人は、30～40代の人にとくに多いようです。仕事では先輩よりも後輩が増えてくる時期ですし、プライベートでは配偶者や子どもの有無により、20代のときと交友関係が変わってきます。

仕事でもプライベートでも変化が多く、心理的に揺さぶられることが多い時期だと言えます。

また、育児をしている人もそうでない人も、**「他者の面倒をみる」「他者を育てる」という本能が強くなる**時期でもあります。

たとえば後輩が仕事でいっぱいいっぱいになっている姿を見ると、放っておけず、ついつい仕事を請け負ってしまいます。その結果、自分の仕事と他人の仕事を抱え込むことになるのですが、**「まわりを無視するよりはマシ」**と、どこか安心感を抱くようになるのです。

「面倒をみてあげたい」「育てたい」というのは、いわば本能のようなもの。本当は、とてもすばらしい心がけなのです。

抱え込みは本末転倒？

まわりを助けることに力を惜しまないあなたは、やさしく頼りになる先輩だと信頼されていることでしょう。それはひとえに、あなたの頑張りのたまものです。しかし、あまりに抱え込みすぎると、自分がつぶれてしまい、本来するべきだった仕事に支障をきたすおそれがあります。

さらに、**部下や後輩が自力でトラブルを乗り越え、成長するチャンスを逃す**ことにもなりかねません。

私のところに相談にやってきた弁護士の女性も、このタイプでした。彼女は一念発起して弁護士事務所から独立・開業したのですが、仕事が軌道に乗るとともにオーバーワークになり、心身のバランスを崩してしまったのです。

そこで彼女は、事務仕事を専任で行う秘書を雇うことにしました。事務を秘書に任せることで、本来の業務に集中するためです。

しばらくして、彼女に仕事の状況を尋ねましたが、表情は冴えません。秘書に気を遣いすぎて、「一人のときのほうがラクだったかもしれない…」とのこと。
秘書が浮かない顔をしていたり、忙しそうに見えたりすると「私が仕事を振りすぎたせいかも」と気になって仕方ありません。結局耐えきれずに、「私がやるから」と事務仕事を請け負ってしまうというのです。**手伝ってもらうために雇った秘書に振り回されていては、本末転倒**です。

こうしたことを繰り返していると、部下や後輩も「この人はいつも手を貸してくれる」と思い、最初から手伝ってもらえることを前提に仕事を進めてしまうかもしれません。手伝ってもらえることで一時的にはラクになっても、彼ら自身が成長できなければ、問題を先送りしているのと同じことです。
頑張っている自分のことを認めながらも、抱え込みすぎていないか、自分自身を振り返ってみましょう。

【自分の気持ちをラクにするために抱え込んでいないか、振り返ってみよう】

一人で抱え込んでいたものを部下や後輩に任せるためには、その人が成長するまで「信頼して待つ」ことがとても大切です。

抱え込む人は自分軸が定まらず、他人のSNSに振り回される

最近ではSNS疲れを自覚する人も多いようです。他人と簡単につながれるツールだからこそ、使い方には注意が必要です。自分に合った使い方をしなければ、他人の感情に振り回されたり、支配されてしまうことにもなりかねません。

スルースキルが試される現代

他人と直接意見をぶつけ合ったり、喧嘩したりといった直接の関係性が希薄になっている一方、**SNSなどネット上のコミュニケーション手段はますます多様化し、複雑化**しています。

SNS上では、匿名での発言が容易にできるため、相手の発言の意図を曲解してイヤな気分になったり、言い争いがヒートアップして収拾がつかなくなったりといったトラブルも後を絶ちません。リアルな世界で「うまくかわす」ことを身につけていない人がネットの世界にはまると、他人からの批判に耐えきれず、強いストレスやイライラ、不安を持つようになってしまうのです。

また、相手とすぐにつながれるからこそ、「既読なのに返信がもらえない」ことにヤキモキするなど、**四六時中他人のことを考えて、一喜一憂してしまうことも**。このように、SNSとうまく付き合えないと、抱え込むストレスが増えてしまうのです。

何のためにSNSを使うのか改めて考える時間を作り、ときにはスマホをオフにする時間を持つことも有効です。

他人と比べてしまうことがストレスに

SNSでは、**自分の動向も他人の動向も丸見え**になります。そのため、もともと人目を気にするタイプの人は、よりその傾向が強まってしまいます。「こんなことを書いたら、調子に乗っていると思われないかな」「『いいね！』をしておかないと、嫌われるかも…」。

こうしたことを考えすぎて、いわゆる「SNS疲れ」の状態になってしまい、人とつながることやコミュニケーションが億劫になることもあるのです。

また、他人の動向が丸見えになることで、**自分と他人を比較して落ち込んでしまう**ケースもあります。

たとえば、自分に恋人がいないときに、友達のSNSをふと見たら、「結婚します」の文字…。こういった現象を最近では「婚テロ」と言うようです。

こうしたときに、素直に祝えず、イラッとしてしまう。そして、そんな自分のことを小さい人間だと思って、自己嫌悪する。見なきゃいいのに、また見てしまう…。こうした流れを断ち切れず、自己嫌悪のスパイラルに陥る人が多くいます。

大切なのは「自分軸」

SNSによってストレスを抱え込んでしまう人は、「いいね！」の数やフォロワー数、あるいは「まわりから見て幸せそうかどうか」など、自分を認めるときの基準がすべて他人任せになっています。これを心理学では**「他人軸で生きている」**と言います。

しかし、どんなスーパーマンでも、他人からの賞賛を浴び続けるというのは不可能なもの。他人軸で生きるというのは、それだけ難しい生き方なのです。

このままの自分でいい。他人に認めてもらえなくても、私は私のいいところを知っている…。**他人軸から自分軸へ、自分を測るモノサシを変える**ことができれば、生きるのがずっとラクになります。

「「自分軸で生きる」を合言葉にしよう」

SNSの投稿は、人に見せることを前提になされているもの。相手がその内容通りのキラキラした毎日を送っているとはかぎりません。

世間体を気にして無難な答えを求めると、自分で決断できず、ストレスを抱える

社会のルールから外れた人を一斉に叩く風潮がありますね。そうした風潮の影響を受けすぎると、「まわりから見て間違っていないか」を第一に物事を決めるクセがついてしまいます。「誰からも批判されない、無難な答え」はあなたにとってのベストな答えになっていますか。

過熱する不倫報道

抱え込んでしまう人は、まわりの目を強く意識する結果、何をするにも「正解はどれ？」と探し求める傾向にあります。その結果、自分の気持ちを抑えて**「無難な答え」を選択し、「こうすべきだ」という一般論にとらわれるようになります**。

最近では、有名人の不倫報道がテレビやネットを連日賑わせています。ワイドショーではコメンテーターが訳知り顔で批判を並べたて、ネット上は匿名の誹謗中傷コメントで溢れかえっています。

なかには、まるで当事者であるかのような、激しい感情の込もった批判もあります。

そこからは**「悪いこと、ずるいことをした人に制裁を」という意識**が垣間見えます。

自分も社会のルールを守って頑張っているんだから、守らないヤツは絶対に許さない。大きなダメージを与えなければ…という、大衆心理のようなものを感じます。

互いに監視し合い、何かあれば容赦なく叩く、そんな傾向が加速しているようです。

「自分にやましいことがあるから他人を叩く」というケースも、あるにはあります。

自分で自分のことが決められない

社会のルールを守ることはもちろん大切ですが、それにがんじがらめになっていると、**自分のことを自分で決められない状態に陥る**こともあります。

私のところに相談に来られた人で、開口一番、こうおっしゃった人がいました。

「私、離婚してもいいいんでしょうか」。

そんな彼女に「あなたはどうしたいんですか」と尋ねても、彼女の口からは、「私はこうしたい」というような**自分が主語のフレーズが出てこない**のです。「夫婦は添い遂げるのが当たり前だから」など、世間一般の常識（だと彼女が思っていること）をもとに、話が展開していきます。

「世間一般の常識の通りに生きなければ」という意識が強すぎると、その通りに物事が運ばなかったときに強いストレスを感じ、どうしていいのかわからなくなったり、必要以上に自分を責めてしまったりします。

しかし、世間体だけを気にして決断しても、幸せを感じられることはないのです。

正解主義にならないように

海外の学校のテストでは、正解のない問題が出題されることもあるそうです。最近では、日本でもアクティブラーニング（能動的な学習方法）が取り入れられ、柔軟な発想を受け入れるようにもなっていますが、まだまだ**日本人の意識には「正解主義」が根強く刷り込まれている**と思うことは多々あります。

正解主義の人は、**自分だけでなく、他人にも完璧を求め、頑なになってしまう**ところがあります。そのため、社会のルールから外れた他人のことが気になり、自分には関係のないストレスまで抱え込んでしまうのです。

世の中で出会う問題には、**たった一つの正解が存在するわけではありません**。それが受け入れられないと、正解を探し求めて決断できなかったり、他人との関係がギスギスしたものになったりして、ストレスを抱えてしまいます。

「○○すべき」「○○したほうがいいよね」という言葉に縛られないように

テストの答えは一つだけれど、社会の中には答えは無数にあるもの。その中から自分なりの答えを見つけるつもりで。

抱え込む人は、自分の気持ちを大切にできない

たとえ自分の好きなことであっても、何かを選択し、決断することにはストレスを伴います。「選択肢が多いほど、人の幸福度は下がる」という研究結果も出ています。
ただでさえ大変な「選択」を、自分の気持ちに嘘をついて行っているとしたら、ストレスは膨れ上がる一方です。

なぜだか疲れが抜けないのは

ストレスは、感情と思考の分離によって強くなると言われています。つまり、「こうしたい」「こっちがいいな」といった自分の感情や直感と、「ここはこうするべきなんだろうな」「こっちが正しいんだろうな」という思考から導き出された結論が異なるときに、感情にフタをして、思考で選択をしてしまうと、ストレスが強くなるのです。抱え込んでしまう人は、こうしたストレスをため込みがちです。

「体調がすぐれないわけではないのになぜだか疲れがたまっている、しんどい」と感じることはありませんか？　もしかしたらそれは、知らず知らずのうちに**自分の感情に反する選択をして、ストレスを抱え込んでしまっている**サインかもしれません。

その選択は義務感から？

自分のことを考えるより先に、まわりを見てしまうという人は、責任感や義務感などから、より**「正しいと思われる」ほうを選択する**傾向にあります。

自分の本当の気持ちに気づくのは、案外難しいものです。リラックスした状態で、何度も自分に問いかけてみるといいでしょう。

私の知り合いに、自分への投資のために語学教室に通い始めた人がいました。しかし、話を聞いてみると、週1回の契約なのに、「月1回通えたらいいほう」だと言うのです。

どうしてレッスンを休んでしまうのか尋ねたら、「後輩が仕事でミスをして、困っていたから」とか「上司からの飲みの誘いを断れなかった」など、まわりを優先して休んでしまうことが伺えます。

確かに、語学教室に通うことは不要不急のことではなく、「この場合は仕事を優先したほうがいい」という選択が必要なときもあるでしょう。しかし、こうした選択が積もり積もると、**「自分のために時間を使いたい」という欲求が消化されないまま膨れ上がり、大きなストレスになって返ってくる**おそれがあります。

抱え込んでしまうのは、あなたのせいではない

ここまで、いろいろなことを抱え込んでしまう背景や理由について見てきました。

その中には幼少期の人間関係や教育の影響など、**自分にはコントロールできない原**

因もあることに気づかれたことでしょう。

まずは、こうしたさまざまな原因によって**「抱え込み症候群」に陥っている自分、辛い状況に追い込まれている自分を認めてあげましょう。**

そして、それでも**責任をまっとうしようと頑張っている自分を、けっして責めないようにしてください。**

今の状況はあなたのせいではありません。

そして、解決する方法は必ずあります。

次の章からは、抱え込みから抜け出すための考え方のヒントや、抱え込みグセに効く実践的なワークを紹介していきます。一緒に見ていきましょう。

【抱え込んでしまうのは、自分のせいじゃないと認めよう】

抱え込んでしまうくらい他人思いの自分を認めて、褒めてあげることも、自己肯定感が上がるのでお勧めです。

column

抱え込まない「オフの過ごし方」

あなたは最近、上手に休めていますか。満足するオフを過ごせていますか。

仕事やストレスを抱え込んでしまう人は、気分転換することが苦手だったり、オフを過ごすことに罪悪感があったりするかもしれません。

しかし、「やらなければならないこと」だけをひたすら続けていては、心も体ももちません。疲れている、休めていないと感じたら、オフの時間を意識的に確保するようにしましょう。

私は、仕事が立て込んで丸一日休めないとき、午前中だけでも自分のために空けておき、家族と過ごしたり、ジムに通って体を動かしたりするように心がけています。そうすることで、そのあとのパフォーマンスも格段によくなります。

「自分が心地よく過ごせる仕組みを自分でつくる」という意識を持ち、定期的にリフレッシュする時間を持ちましょう。抱え込んだ状態をリセットでき、心と体のリズムが安定してきます。

3

抱え込みから脱出する

ほんのちょっとの工夫で「抱え込み」から脱出できる！

「断ってはいけない」を手放してみよう

抱え込んでしまう人は、「自分のキャパシティを超えている」物事に対しても、真正面から取り組み、いっぱいいっぱいになってしまいます。

とくに自己肯定感の低いタイプに顕著な傾向ですが、**「依頼を一度でも断ったら、失望される」「次からは頼ってもらえず、必要のない人間だと思われる」**ということを強くおそれ、断ることができないのです。

しかし、そのような状態を続けていては、心も体ももたないことは明白です。抱え込みすぎてパンクし、**何も手につかない状態になってしまったり、まわりの人に迷惑をかけてしまっては、本末転倒**です。そんなことになる前に、もっと自分をラクにしてあげましょう。

空白をつくると、余裕が生まれる

抱え込んでしまう人は、「ラクにしていいと言われてもどうすれば…」とわからず、立ち止まってしまうかもしれません。しかし、自分を変えるのはほんのちょっとのことで十分なのです。**自分の心と体の状態をイメージして振り返ったり、自分の状況をまわりにわかりやすく伝えるなど、少しの工夫でラクになれる方法がたくさんあります。**

この章では、抱え込みグセから抜け出し、余裕のあるあなたに変わるための方法とワークを紹介します。日常に少しずつ取り入れて、変化を実感してください。

【荷物をおろせば、生き方がラクになる】

自分のガマンの量をイメージしてみる

抱え込みグセのある人は、自分の気持ちを抑えることに慣れてしまっています。すると、ガマンしていることに気づけず、知らないうちにストレスをためてしまうのです。抱え込みすぎて疲れきってしまう前に、「自分は今、ガマンしている？」とまめに問いかけることが大切です。

コップの水は、いつか溢れる

どんなに大きなコップでも、水を注ぎ続けたら、いつしか水が溢れてしまいます。心の中もそれと同じです。体の疲れも、心の中にたまったモヤモヤも、解消せずにたまる一方にしていては、溢れかえってしまうのです。

いっぱいいっぱいになったときに、**「自分の器が小さいからだ」と自分を責める必要はありません**。なぜなら、先ほどのコップのように、どんな大きな器でも、すべてを受け止め続けることはできないからです。抱え込んでいるかぎり、遅かれ早かれ限界は訪れるのです。

自分の心をコップに見立て、「今、ガマンしているとしたらどのくらい」とイメージするようにしましょう。職場や家でまめにチェックするように習慣づけると、自分のガマンの度合いに気づきやすくなり、休むきっかけをつくれるようになります。

【心の中のコップをチェックするクセをつけよう】

コップの水をイメージすることは、あなたの心のキャパシティがどれくらいかを知るのにも役立ちます。

自分の仕事量を「見える」化する

仕事でするべきことを「To Do リスト」にまとめたり、買い物メモを作る人は多いでしょう。こうした自分用のメモをホワイトボードに書くことで、まわりの人に自分の仕事量の多さを伝えることができ、無理な依頼を断りやすくなります。

断り下手な人は、予定を可視化する

【ボードに代弁してもらおう】

抱え込む人は頑張り屋さんが多いので、まわりの人から仕事や用事を振られることが多くなると、２章で紹介しました。

そんな人にお勧めしたいのは、**自分の仕事量や家事の予定を可視化**することです。自分用の小さなホワイトボードを用意して、デスクやリビングに置いておきます。そして毎朝、その日の予定を書き出し、終わったものから消していくのです。予定を書き出すと、自分でもキャパオーバーを自覚しやすくなり、「これは断ったほうがいい」と判断できるようになります。

重要なのは、**他の人からも見えるようにする**こと。上司や家族がやって来たとしても、「すみません、こういう状況です」とボードを見せ、説明することができます。断るのが苦手な人も、ボードが代弁してくれるので、前より気楽に自分の状況を伝えられるようになるでしょう。書く手間はかかりますが、効果は絶大です。

頭の中だけで抱え込み、いっぱいいっぱいになるのが一番危険。自分からも他人からも、見えるようにすることが重要です。

自分のキャパシティを知り、「ほどほどでOK」とする

仕事の量をほどほどにセーブし、自宅でのリラックスの時間を確保すれば、安定したパフォーマンスを発揮できます。画期的なアイデアを思いつき、仕事や家事に活かせることも。頑張りすぎないということは、「手を抜く」ことではなく、自分の心身のコンディションを整えることなのです。

ほどほどにするほうが、うまくいく

自己肯定感が低いタイプや、しっかり者のタイプに多いようですが、**抱え込んでしまう人は、自分のキャパシティを大きく見積もる**傾向にあります。

自分のトラックの積載量の上限が100％なのに、120％や150％の量を「のるはず！」と無理やり詰め込もうとするイメージです。道路交通法では捕まるレベルです。それなのに、自分が抱え込む量に関しては、多ければ多いほどいいと思っている人が多いようです。

理想を言わせていただくと、**実際に抱える仕事量は自分のキャパシティの60～70％がベスト**。このくらいにとどめておけば、アクシデントなどが発生しても、落ち着いて冷静に対応できます。

また、余裕が生まれれば、長期的に必要なことに取り組むことができ、クリエイティブな発想にもつながります。**荷物を減らしたぶん、よりよいものを生み出せるのです。**

「目指したいのは、余裕のある自分」

時間や心に余裕があれば、物事を柔軟に考えることができます。あなたの中に眠っているクリエイティブな側面が目を覚ますことも。

なんでもかんでも自分のせいにするのをやめる

自己肯定感が低い人や、まわりの空気を敏感に察知する人は、何かトラブルが発生すると、「自分のせいだ」と思い悩んでしまいます。
何もかも「自分原因説」をとってしまうと、モヤモヤがどんどん大きくなり、心が休まることがありません。

トラブルをすぐ自分に結びつけない

よく相談に来られる人があるとき「私は自己管理ができていないから、風邪を引きやすいんです」と口にしました。

風邪を引いたのには、無理がたたって免疫力が落ちていたとか、家族の風邪が移ったなどさまざまな原因が考えられるはずです。しかしそのすべてを**「自己管理」で片づけて、自分を責めてしまう**のです。

私は相談者に、「起きていることに目を向ければ、原因がわかります」とお伝えしているのですが、**日常のトラブルや問題を、なんでも「自分のせい」にするのはやめましょう**。そこには自己否定しかなく、原因の根本解決にもなりません。起きたことはそのままの形で受け入れ、自分を責めるより「どうしたら自分にとっていいだろう？」と前向きなことを考えるほうが事態をプラスに導きます。

【自分を責めるより、自分にやさしくする姿勢を持とう】

自分を責めても、根本原因は解決しません。ましてや根性論でも解決しないので、「なぜこうなったのか」を冷静に俯瞰することが重要です。

断ることで、うまくいくこともたくさんある

嫌われることをおそれて、行きたくない誘いに乗ったり、他の人の仕事を手伝ったりしていませんか。無理をする理由が「嫌われたくないから」だけだとしたら、一度考え直してみてはいかがでしょう。勇気を出して自分の状況や気持ちを伝えてみれば、まわりの人も耳を傾けてくれるはずです。

ノーと言っても大丈夫

人当たりがよくて、みるからに仕事ができそうな雰囲気の男性が「もう、いっぱいいっぱいなんです」と相談にいらしたことがありました。

会社であるプロジェクトのリーダーを任され、毎晩遅くまで残業しているそうですが、**「付き合いの悪いヤツだ」とは思われたくないので**、大学の同窓会には定期的に顔を出し、同期旅行の幹事まで引き受けているとのことでした。

「思い切って事情を説明し、断ってはどうですか」とお伝えし、同期旅行の参加を見送りたいと、副幹事をしている友人に相談することになりました。

すると、友人は開口一番こう言ったそうです。

「**断ってくれてよかった**。この間の同窓会のときに顔色がよくなかったから、心配していたんだ。また仕事が落ち着いたら、参加してくれよ」。

断ったことで、相手の気持ちにも気づき、より信頼できる間柄になれたそうです。

「できません」と言えば、まわりの人にもわかってもらえる

自分が思うほど、相手は自分のことを気にしていなかったりもします。
礼儀をわきまえて断れば、まわりの人も理解してくれるはずです。

「思い出しイライラ」にストップをかける

他人が何気なく発した一言でも、言われた側はひどく傷ついたり、イライラしたりすることがあります。
言われたことを思い出しては頭の中で再生していると、怒りや悲しさが雪だるま式に大きくなってしまいます。マイナスの感情を膨らませるだけなので、いいことはありません。

自分で問題を大きくしていませんか？

相談にいらした人に**「すべての問題は自作自演」**というお話をさせていただくことがあります。イライラやモヤモヤの正体をたどっていくと、他人の具体的な言動はきっかけにすぎず、それを受け止めるときに**マイナスの意味づけをすることにより、実際以上に悲劇的な状況を思い浮かべてしまう**ことが少なくありません。

最初は「えっ!?」と鳩が豆鉄砲を食らったような顔をされる人も多いですが、冷静に振り返ると、**「自分で問題を大きくしていた」**と納得されることが多いようです。

問題を抱え込みがちな人は、他人に言われたことやされたことを何度も頭の中で再生してしまう傾向にあります。すると、言い回しが実際よりキツイものに変換されていったりして、イライラやモヤモヤも雪だるま式に大きくなっていくのです。**「思い出しイライラ」にストップ**をかけましょう。

【「それって実際に言われたこと?」と振り返るようにしよう】

人に言われたことやされたことを頭の中でリフレインするクセのある人は、事実と自分の思考を別々にメモしてみるといいでしょう。

被害者意識を持ちすぎない

病院に寄ってから出社すると上司に伝えていたのに、事情を知らない先輩から「最近遅刻が多くない？」と指摘されたとします。
先輩からしたら、気になったことを何気なく言葉にしただけのことですが、被害者的に受け取ってしまうと、先輩への苦手意識や嫌悪感が大きくなってしまいます。

被害者意識はイライラの元凶

逆説的に聞こえるかもしれませんが、「自分が悪いのでは」と心配するタイプの人は、**「他人に○○と言われた」「他人に○○をされた」という被害者意識を抱きやすい**ことがあります。

他人の言動に敏感に反応して傷ついてしまうため、心の中に波風が立ちやすく、それが**被害者意識、ひいては相手への苦手意識や嫌悪感をつくり出してしまう**のかもしれません。こうした被害者意識や苦手意識は、付き合う相手にも伝わってしまうもの。人間関係がギクシャクする一因になります。

90ページで紹介した**「思い出しイライラ」と「被害者意識」がセットになると、さらにやっかいなことになります**。相手に言われたことを雪だるま式に大きくしながら嫌悪感を募らせてしまうので、百害あって一利なしです。

【被害者意識を持ちすぎないように、気をつける】

受身の言葉は暗に誰かを否定・攻撃する言葉です。自分軸を意識して、主体的な言葉遣いをしていきましょう。

「そうすべき」というログセをやめる

主に働く女性が抱えがちなのが「平日は家のことができていない」という罪悪感です。真面目な人ほど、「休日こそは家事をしっかりするべき」と考えて、自分を追い詰めてしまいます。仕事でもプライベートでも「○○すべき」を優先した生活を送っていると、休むヒマがなく、疲れをとることができません。

「○○すべき」は誰が決めたこと？

しっかり者タイプや、空気を読んでしまう敏感タイプの人は、**休むことが苦手**なようです。休みの日も掃除に洗濯、平日のための料理の作り置きなど、やるべきことが山積み。隣でだんなさんがダラダラしているのを横目に家事にいそしみ、イライラを募らせていきます。

いろいろなことによく気がつくということは、それだけ**「やるべきこと」が見えてしまう**ということ。しかし、そもそもそれらは、誰かから「やりなさい」と命令されたものなのでしょうか。

もし、自分で課している義務なのだとしたら、**一度「べき」を取り払ってみましょう**。すべきことを少し遅らせたからといって、生活が壊れることはないはず。代わりに「朝寝坊して、ゆっくりブランチをとりたい」など、自分の気持ちに耳を澄ませましょう。

【「○○すべき」を「○○したい」に変換しよう】

「○○すべき」といった思考のクセは、自分の感じたことを日記につけることで、見つけやすくなります。詳しくは106ページで紹介します。

自分の本当の気持ちに気づく

自分よりまわりを優先していくと…

まわりの空気を敏感に感じ取り、求められている（と自分が思っている）ことばかりをしていると、ストレスがたまります。

かといって、「自分は本当は何がしたいのか」を考えても、**まわりを優先してばかりいた人は、自分の本当の気持ちが見えてこない**こともあります。

自分は本当にこれがしたいのか。今、気持ちを抑えてガマンしていないか…。

自分のありのままの気持ちをすくい取れるように、意識してみましょう。

リラックスしているときがチャンス

自分の本当の気持ちを見つめ直したいときは、**一人になってリラックスする**ことが大切です。寝る前のほんの少しの時間で構わないので、ゆっくりした時間を持ち、次のようなことを考えてみましょう。

・自由な時間が1時間あったら、何をしたい？
・明日のランチは何を食べたい？
・今日の自分を振り返り、「本当はこうしたかったのに」と心残りがあることは？

敏感な人は、自己主張の強い相手や複数の人がいる場面で自分を押し出すのが苦手です。**一人になって自分と向き合い、普段はガマンしている本当の気持ちをすくい取ってあげましょう。**

【自分が本当にしたいことや言いたいことを、大切にしよう】

何かをするとき、言うときなどに「これは本当の気持ち？」と自分に問いかけるようにしましょう。

自分の頑張りは自分で認める

自分の頑張りを認めるのは自分

まわりのためを思ってあれこれ頑張っているのに、誰もそれを認めてくれない…と感じると、むなしさや怒りが募ります。しかし、他人の気持ちは誰にもコントロールできないので、**「誰か、私の頑張りを認めてよ！」と期待しても、期待通りにそれを叶えるのは難しい**かもしれません。

そんなあなたにお勧めしたいのは、**他人からの評価を求めるのではなく、「自己承認」のプロセスを挟むこと**。自分の頑張りを自分が一番に認め、褒めてあげるのです。

褒めることで自己肯定感も上がる

たとえば、頑張って仕事を終わらせた自分を、心の中で「よしよし」と褒めてあげる、家事が全部終わったら、ちょっと高価なスイーツを買って自分だけで食べるなど、**心と体が喜ぶような「ご褒美」の時間を意識的にとっていく**のです。

褒められ慣れていない人は、最初は照れくさく感じたり、うまくできなかったりするかもしれません。それでも繰り返し練習していけば、褒めることが習慣になり、**自己肯定感もぐっと上がる**ようになります。

すると、これまでは自己肯定感の低さから「断れない」と思っていたことも、「これを引き受けるのはやめよう」と線が引けるようになります。

自己承認は、抱え込み症候群から抜け出すのに強力なツールです。ぜひ取り入れてみてください。

【心の中で、「自己承認」のプロセスを実行しよう】

自分で自分を褒めるクセをつけると、他人のいいところがより目につくようになり、他人のことも褒められるようになります。

ワークで抱え込みから抜け出す

イメージワークをやってみよう

私はカウンセリングの中で、相談者の話を聞くだけでなく、**問題解決に役立つような イメージワーク**についてお伝えしています。イメージワークは、無意識に働きかける効果のあるもので、長年染みついた「思考のクセ」をなくすのに有効です。

ここでみなさんにお伝えするのは、自分が抱え込んでいる**「心の荷物」をおろし、気持ちをラクにする**ためのワークです。

イメージワークが初めての人でも、手軽に行えるものから掲載しています。日々のちょっとしたスキマ時間に、ぜひ実践してみてください。

淡々と行えば、無意識から変わりだす

最初は「こんなことで、本当に抱え込みから抜け出せるんだろうか」と不思議に思ったり、不安になったりするかもしれません。

しかし、イメージワークで大切なのは「効果を信じていても、信じていなくても、やってみる」「そういう気分になるときも、ならないときも、やってみる」ということ。

感情を込めずに淡々と取り組んでいると、無意識のうちに思考が影響を受けていきます。そして、**しだいに抱え込まないような考え方ができる**ようになっていくのです。

ですので、ワークの効果を最大限に得るために、**心の中をできるだけ空っぽの状態にして、取り組んでみてください**。

ワークを行う場所やタイミングに決まりはありませんが、自宅で眠る前などに、**リラックスした状態で行う**のがお勧めです。

【イメージワークに取り組み、抱え込みから抜け出そう】

ワーク①　心と体を軽くするワーク

①目を閉じて、鎧を着てたくさんの荷物を抱えているところを想像します。

②一つずつ荷物をおろすところをイメージします。

あれこれ抱え込んでしまって、**重たくなっている心と体を軽くしたい！　というときに効くワーク**です。

まずは、目を閉じて、次の場面を想像します。

あなたは重い鎧を着ています。そして、たくさんの荷物を両手に抱えています。ここでは、**実際に悩んでいることやリアルな状況については考**

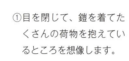

WORK

③鎧を脱ぎ、裸になっているところをイメージします。

④全身が軽くなり、シャワーを浴びるところをイメージします（実際に浴びるのもお勧めです）。

えず、鎧や荷物の感覚に集中してください。

集中できたら、まずは持っていた**荷物を一つずつ、おろしましょう**。体が少しずつ軽くなっていきます。

荷物がなくなったら、次は重たい鎧を脱ぎ捨ててしまいましょう。そして、スッキリした感覚を持って、**シャワーを浴びましょう**。

重い荷物や鎧とサヨナラするごとに、ずっしりと重かった心が軽くなっていきます。

ワーク② おまじないを唱えるワーク

①まわりの人をうらやむ気持ちになったときや、他人の幸せな様子を見るのが辛くなったとき…

②目を閉じて「ストップ！」と思考にブレーキをかけます。

自己肯定感が低く、自分と人をつい比較してしまったり、敏感で人の顔色を読んでモヤモヤしてしまう人にお勧めしたいワークです。

まわりの人と比べて自分がちっぽけな存在に思えるとき、また、他人の幸せを素直に喜べず、自己嫌悪に陥りそうなときは、**いったん思考を**

③「人は人、自分は自分」と心の中で唱えます。気持ちが落ち着くまで、ゆっくりと繰り返します。

④誰もいないところでは、声に出して唱えましょう。

ストップします。そして、**「人は人、自分は自分」**とつぶやきましょう。心の中で唱えても、小さな声でつぶやいてもOKです。

おまじないには**「自己暗示」**の効果があります。唱えた言葉は、あなた自身の潜在意識に伝わり、考え方のクセを変えることができるのです。**感情を込めずに、呪文のような感覚でブツブツ言う**ことで、暗示の効果がより高まります。

ワーク③ ノートに書き出すワーク

①人に聞いてもらいたいけれど話せないことを思い浮かべます。

②チラシの裏やノートに思いつくまま、気持ちを書き出していきます。

頭の中でいろいろなことをぐるぐる考えてしまう人にお勧めしたいワークです。

割り切れない気持ちを抱えてしまったとき、誰かに話したり、原因となった相手に直接ぶつけることができればいいのですが、**人に話すことができない**こともあるでしょう。

そんなときは、自分だけが目にするノートやパソコンの

WORK

③終わったら、破って捨てるとスッキリします。

④パソコンやスマホに慣れている場合は、データで入力しても構いません。

テキストに気持ちをぶつけ、**気持ちを外に出してあげましょう**。ポイントは、きれいに書こうとしないこと。字のきれいさや文としてのまとまりも考えず、**わき上がる気持ちのまま**書いていくと、感情が解放され、スッキリします。

日記に書くのもお勧めです。つい「その日あったこと」を記しがちですが、**「自分がどんな気持ちになったか」**に焦点を当てて書くと、1日の終わりにスッキリできます。

ワーク④「したくないこと」を捨てるワーク

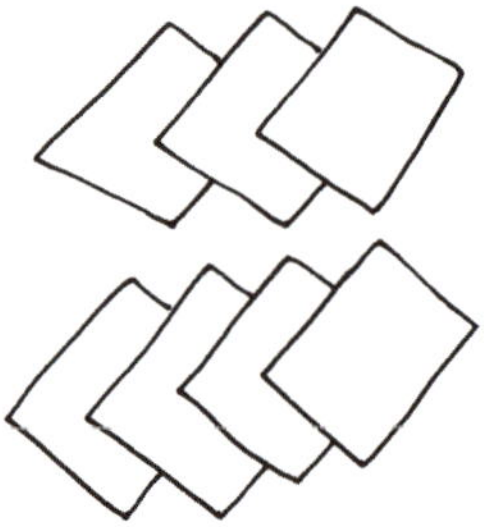

①紙を 20 ～ 30 枚ほど用意します。

②一枚につき一項目ずつ、やりたくないのにガマンしてやっていることを書き出していきます。

自分の気持ちを抑え、やりたくない仕事を抱え込んでしまう人にお勧めのワークです。**やりたくないのにガマンしてやっていること**を思い浮かべて書き出し、くしゃくしゃに丸めてゴミ箱に捨てます。

これにより**意識の断捨離**ができ、「自分のしたいこと」と「自分のしたくないこと」がハッキリ見えてくるように

③「これはやめられる」というものを選び、くしゃくしゃに丸めてゴミ箱へ。

④残った紙もすべて捨て、スッキリ。

なるでしょう。すると日々の行動も変わり、**したくないことには距離を置ける**ようになります。

自分を見つめ直し、ゆっくりと取捨選択する必要があるので、**時間のとれる週末などにリラックスした気分で取り組む**のがお勧めです。

職場でイラっとしたときなどに、1、2枚だけ書き出し、破ってゴミ箱に捨てるのも効果的です。

ワーク⑤ 他人に荷物を手渡すワーク

①他の人の荷物を両手に抱えます。

②「(荷物の持ち主)さん、これを持ってください」と一人ずつ指名し、荷物を手渡します。

私がグループセッションでよく行うのは、**実際に荷物を持って実施するワーク**です。家族や友人など、協力してくれる人と一緒に体験してみましょう。

参加者の荷物を1箇所にまとめ、ワークの主体となる人がすべて持ちます。**ずっしりとした重さを体感**しましょう。

③指名し、荷物を手渡すことを繰り返します。

④最後に何も抱えていない、身軽な状態を実感します。

重さを十分感じたら、一つずつ荷物を手渡していきます。このとき、**荷物の持ち主の名前を呼び、「これを持ってください」とはっきり口に出して伝えましょう。**

自分が抱え込んでいることを体感するだけでなく、助けてもらって重荷がとれたときの感覚をインプットすることができ、**こわばった心をほぐす**効果が期待できます。

自分に合うワークを繰り返して、抱え込みから自由に！

続けることがポイント

ここまで、抱え込んでしまう人が気持ちをラクにするためのワークを5つ、紹介しました。

どれも手軽にできるものですが、その効果は絶大。やればやるほど、あなたの心と体は軽くなり、抱え込み症候群にとらわれることは減っていくでしょう。

ワークの効果を最大限に活かすコツは、どれも1回きりで終わるのではなく、**繰り返しやってみる**こと。

「なんだかしんどい…」と思ったときに**ワークを行うことを習慣化する**と、抱え込みから抜け出す意識が高まり、行動にも変化が表れてくるはずです。

また、人によって「これはやっていてしっくりくる」「これはイマイチかも…」というワークがあると思います。その場合は、すべてを無理に行う必要はありません。**気に入ったワーク、やっていてしっくりくるワークだけを習慣に**しましょう。

抱え込んでしまう理由を理解し、ワークで気持ちが変化することを実感したら、いよいよ人間関係のレッスンです。

次の章では、**頼り上手になって、抱え込みからの卒業**を目指しましょう。

【自分に合ったワークを見つけ、続けよう】

column

抱え込まない「予定の入れ方」

「突然、遠方への出張が入った」「急に打ち合わせに出向かなければならなくなった」など、急な予定が入ると、身も心も慌ててしまい、ストレスを抱え込みやすくなります。

そんなときに、私がよくやっている「予定の入れ方」をご紹介します。それは、行き先に合わせて「楽しみな予定」を入れてしまうということ。

私はおいしいものを食べることが楽しみの一つです。なので、セミナーなどの出張先に合わせて「北海道なら、打ち合わせ終了後に、おいしい魚介類が食べられるお店に行こう」「福岡なら、ランチはとんこつラーメンにしよう」などと、予定を入れていきます。

抱え込んでしまう人は、どうしても自分のことを後回しにし、仕事優先でせかせかと動きがち。気づけばスケジュール帳が、仕事の予定でびっしり…ということにもなりかねません。仕事に打ち込むにしても、自分へのねぎらいや楽しみを忘れないよう、「自分へのアポ取り」を意識的に行っていきましょう。

4

まわりの人を上手に頼るには

どんな人でも頼り上手になれる

「頼れない」のはあなたの性格のせいじゃない

これまでの章で、心の荷物を軽くすることはできましたか。

「一時的に気持ちがラクになっても、またすぐに問題を抱え込んでしまう」。

「いくら気持ちを軽くしても、肝心の仕事が山積みでどうしようもない」。

そんな壁にぶつかったあなたに、この章では**「まわりの人に上手に頼れるようになる方法」**を紹介します。

自己肯定感が低い人も、敏感な人も、しっかり者も、根っこのところには48ページで解説した**「自己完結グセ」**があります。自分だけで閉じてしまっている心を他人に開放し、頼ったり相談したりすることができれば、抱え込みを解消できます。

また、「私は頼り下手な性格だから、うまくいかないかも」と思っている人もいるかもしれません。しかし、**人に上手に頼れるかどうかは、性格によるものではないのです**。

あなたは英語が堪能な人を見て「あの人はもともと、英語が得意な性格だから…」とは思いませんよね。英語をよく使う環境にいて、たくさん話したり聴いたりしたから英語が身についたのだ、と考えるはずです。

「頼ること」もそれと同じこと。いわば**コミュニケーションスキルの一つにすぎないのです。どんな性格・個性の人でも実際にやってみて、慣れていけば自然とできるようになるのです**。

ここからは、頼り下手な人が無理なく頼り上手になれるステップを紹介します。

【練習すれば、誰でも頼り上手になれる】

まずは「人に頼ってもいい」と、自分に許可を出してあげることがポイントです。

頼ることは、自分にも他人にもプラスの効果がある

そもそもどうして頼れないの？

頼るのが苦手な人は**「苦手なことも、歯を食いしばってやらなければならない」**と思っている、真面目な人が多いかもしれません。人目を気にして、**「これくらいで助けてなんて言ってはダメ」**とか**「好きなことだけやっていたら、ワガママだと思われる」**と無理をしているかもしれません。

努力家で自分に厳しいところや、まわりに気を遣って罪悪感を抱きやすい性格が、頼ることをジャマしているのです。

「できること」と「できないこと」の線引きが大切

そもそも人はみんなスーパーマンではありませんから、それぞれ得意なことと苦手なことがあって当然です。苦手なことをすると失敗したり、時間がかかったりします。

「ここまでは手が届くけれど、これは届かない」「これは得意だけど、これはどうしてもダメ」。まずはそれを認めてはいかがでしょう。

人には得手不得手があるのが当たり前なのですから、**自分のできないことは素直に認め、それは得意な人に頼りましょう**。そして、**自分の得意なことで人を助ければいい**のだと、発想を転換してみてはいかがでしょう。

こうした発想が、大人社会でうまくやっていく心得、ひいては**人としての成熟性**なのではないかと私は思っています。

断捨離をするときみたいに「これはできる？」「これはできない？」と自分に確認するようにしてみるといいでしょう。

頼ることは、他の人にも役立つ

私は、頼ることは悪いことではないと思っています。

頼ることは、**個性の異なる人間同士が力を合わせて物事を進めていくために、とても大切なスキル**です。もし今、あなたが誰にも頼れずにやみくもに頑張っているのだとしたら、次のように思ってください。

「自分にはできないこともあるけれど、できることもある」。

「自分のできるところで頑張ればいいいんだ」。

できないことを認め、頼ることで、逆に**「ここまではできた」ということがはっきりし、やみくもに頑張るよりも自己肯定感が上がります**。

また、頼ることは自分をラクにするだけではありません。じつは、頼る相手にもプラスの効果をもたらすものです。

「私は人前で文字を書くのが苦手で…。あなたが会議で書記を務めてくれたおかげで、本当に助かりました」。

手伝ってくれた同僚にそう伝えたら、きっとうれしい気持ちになるでしょう。**他の人に頼るということは、その人の能力を認めるということ。**その人の自己肯定感を上げることにもつながります。他力本願は、お互いにとってプラスになるのです。

「他力本願くらいでちょうどいい」

簡単なことから頼んでみよう

小さな成功体験を積み重ねる

ここからは、実際に人と関わり、自分の行動を変えていく方法を紹介します。

まず、人に頼ろうとしたとき、**いきなり大きな仕事や手間のかかる家事などを頼むのは、避けたほうがいい**でしょう。

大きすぎることを頼むのは、抱え込み症候群でない人でも難しいこと。頼まれた側も「それはちょっと…」と引き受けにくく、うまくいかないおそれもあります。すると、「やっぱり私は頼れないんだ…」という自己否定につながり、失敗体験をいたずらに増やしてしまうことになりかねません。

頼むことのビギナーさんは、**「日常のちょっとしたこと」から頼む**ようにしましょう。重い荷物を持ってもらったり、なかなか開けられないビンのフタを開けるのを手伝ってもらったりと、**頼む側も引き受ける側も負担の少ない、簡単なことを見つけ、まわりの人に頼むのです**。

最初はドキドキするかもしれませんが、ちょっとしたことならまわりの人もたいていは応じてくれるもの。すると「私も頼ることができた！」と成功体験を得ることができ、自信につながります。

これを繰り返すことで、頼むことへのハードルをどんどん下げることができるでしょう。

「○○してほしいんだけど」という言葉を身近なものにすることで、頼ることへの苦手意識を払拭していきましょう。

【頼ることのハードルを少しずつ下げる】

断られることをおそれるよりも、断られることに慣れるつもりでやってみるほうが気がラクかもしれません。

ちょっとした質問をしてみよう

自己完結グセを直すのが「質問」

前ページの「簡単なことを頼む」ことにあわせてチャレンジしていただきたいのが、**「ちょっとした質問をする」**ことです。

抱え込んでしまう人は、**自分で自分の問題に答えを出そうとする「自己完結グセ」**があります。買い物に行っても極力店員さんに話しかけたりせず、何もかも自分で探し、お会計を済ませ、さっと立ち去っているのではないでしょうか。

そういう人は、ほんの少し勇気を出して、まわりの人に質問するクセをつけてみましょう。

たとえば「胃薬売り場はどこですか？」「この商品とこの商品の違いはなんですか？」など、**ちょっとしたことを店員さんに聞いてみる**のです。すると、自分一人で閉じていた行動パターンが少しずつ変化していきます。

これを繰り返すうちに、質問することにも慣れ、「まわりの人も私の質問に答えてくれる」という経験が増えていきます。すると、仕事や家事で困ったとき、**まわりの人に質問したり、助けてもらうことが抵抗なくできるようになる**でしょう。

自分一人で抱え込むことから抜け出し、開かれた人間関係をつくるトレーニングにもなります。

次のページからは、頼り下手を卒業するためのワークを紹介します。簡単なことを頼んだり質問したりする行動とあわせて、実践してみましょう。

【買い物に行き、店員さんに質問しよう】

慣れている店よりも初めて入る店のほうが質問しやすいです。「最初に見かけた店員さんに聞く」というルールを決めておいてもいいですね。

ワーク①「助けて」と言うワーク

①鏡の前に立ちます。

②身近な人や好きな有名人を思い浮かべます。

人に頼るのが苦手な人は、**一人のときに「助けて」という言葉を口に出す**ことから始めましょう。

「○○さん、助けて」と、**名前も呼びかけると効果的**。よりリアルに、あなたの心の変化を感じやすくなります。

実際に助けてくれそうな人でなくても構いません。亡くなった家族や好きな有名人な

WORK

③思い浮かべた人の名前を呼び、「○○さん、助けてください」と鏡に向かって呼びかけます。

④感情が溢れ出しても自分を責めないで。抱えている気持ちを吐き出しましょう。

ど、何人もの名前を挙げて「助けて」と呼びかけてみてください。繰り返し実践することで、**助けを求めることへの心理的なハードルを下げる**ことができます。

私が実際にこのワークをしてもらったとき、「お母さん、助けて」と言った瞬間、抱え込んでいたものが溢れて、号泣した人もいらっしゃいました。このように、**自分の気持ちに気づく**効果もあります。

ワーク② 出さない手紙を書くワーク

①関係性に悩んでいる相手や、悩みを相談したい相手を思い浮かべます。

②その人に宛てて、「出さない手紙」を書きます。

私が相談に来られる人によくお願いするのが「相手の人に、**出さない手紙**を書いてください」というものです。

自分の気持ちを正直に打ち明けたり、相談したりすることが苦手な人は、**「手紙」という形で気持ちを吐き出す**方法が有効です。

相手を意識しすぎること

WORK

③短くても構いませんが、「言いたくても言えないこと」や「本当は相談したいこと」を書くようにします。

④書いた後は、燃やしたり捨てたりするなどの方法で、処分しましょう。

で、本当に言いたいことを書けなくなってはいけませんので、あくまで**「出さない」ことを前提に**、思ったままを文字にしたためていきましょう。

出さない手紙を書くことで、「誰かに気持ちを打ち明ける」「誰かに支えになってもらう」という意識を芽生えさせることができます。**自分の中だけでぐるぐる渦巻いていた気持ちが、外に向く**ようになるのです。

頼り上手なお手本を見つけよう

モデルを見つけ、観察する

行動を変えたりワークをすることで、頼ることへのハードルが下がってきたでしょうか。ではここで、自分を大きく変えるのに効果的な方法を紹介しましょう。それは、「モデル」を見つけること。**「なりたい自分」に近いことを実践している人を見つけ、その人のふるまいやログセ、行動の仕方をマネする**のです。

あなたのまわりにも頼り上手な人はいるはず。そういう人の行動や人との接し方を観察し、できるところからマネしてみましょう。

苦手な人を「師匠」と思う

とくに**しっかり者タイプの人は、頼り上手な妹キャラが苦手**だと感じているかもしれません。そういう人を観察し、マネすることに抵抗を覚える人もいるでしょう。そんなときは「苦手な人を師匠と思う」ことをお勧めします。

苦手な人や物事は、「私はそれができない」とあなたのコンプレックスを刺激してくるもの。ですがそれを逆手にとって、自分の学びに変えてしまうのです。

甘え上手な人のふるまいを**「師匠がお手本を見せてくれている」**と考えてみましょう。すると苦手だった人のふるまいも素直に受け入れられるようになり、自分の行動を変えるヒントになってくれます。

師匠の上手な甘え方を自分にインストールしていけば、妹キャラとも上手に付き合えるようになり、**頼ることへの苦手意識もどんどん解消**されます。

【コンプレックスから学ぼう】

「師匠」だと思うと、苦手意識も和らぐので一石二鳥です。

うまくいかないときは「白旗」をあげよう

根深い抱え込みパターンから抜け出せないときは

職場や家庭などで孤独を感じたとき、多すぎる仕事や家事を背負ってパンクしそうなときは、**「白旗をあげる」イメージを持つ**ことをお勧めします。

抱え込む人は、限界以上の責任が降りかかってきたときも**「頑張ってなんとかしよう」と耐えてしまいがち**。しかしその姿勢こそが、抱え込みパターンから抜け出せなくしてしまっているのです。

自分の限界以上の物事を抱え、「膠着《こうちゃく》状態」になってしまったときは、やみくもに頑張っても、イライラが募るだけです。イライラしながら続けていても、やるべきことははかどらず、**「どうして上司はわかってくれないのだろう」「どうしてうちの夫は協力してくれないのだろう」とどんどん悲観的になり、まわりを責める気持ちが出てきます**。そうなってしまうと、身近な人やあなたを頼りにしている人との関係もギクシャクしてしまいます。

そんなときこそ、「白旗をあげる」ときです。

心の中で負けを認める

少々インパクトの強い言葉になりますが、**「私は自分ができることをすべてやっています。これ以上は無理です。だから助けてください」**と心の中で唱え、白旗をあげているところをイメージするのです。

それでも辛いときは、よりインパクトの強い言葉になりますが、**「私の負けです」**と心の中で唱えましょう。

「負けを認めること＝自分がダメな証拠」ではありません。争わない、攻撃しないという意思表示だと解釈しましょう。

辛くなったときに、すぐに白旗のイメージに切り替えられるよう、**実際に白旗を用意して、デスクの筆記具入れにしのばせている**相談者もいます。

白旗をあげることとは、一見屈辱的なことのように思えますが、実際にやってみると**「肩の荷がおりてスッとした」**と感じる人も多いようです。

「これ以上は無理」と自分から認めることができれば、これまでのやみくもな抱え込みや頑張りにブレーキをかけることができます。

そして一度立ち止まることで、「誰かに手伝ってもらわないと、終わらないな」とか「あの人に相談してみようか」「ちょっとリラックスしてみよう」など、新しい発想が出てくるようになるのです。

やみくもに抱え込んでいたときには見えていなかった解決策を発見することができるでしょう。

また、できないことを認めるということは、「ここまでならできる」と、**できる範囲を認める**ことにもつながります。

結果的に自己肯定感も上がり、過剰に人目を気にすることなく、伸び伸びとふるまえるようになるでしょう。

「白旗をあげて、膠着《こうちゃく》状態から抜け出そう」

それでも抱え込んでしまったときは

長年の習慣はすぐには変わらない

ワークや新しい行動を実践して、気づいたことや変化したことはありましたか。

この章で紹介したことには、実際にまわりの人に話しかけたり、自分の行動を変えるものが多く、実践するには勇気とパワーが必要だったかもしれません。ですがそのぶん、**あなたの心に大きな変化をもたらす**効果があります。ぜひ繰り返し実践し、その効果を実感していただければ幸いです。

また「なんとなくスッキリしたけれど、やっぱり頼るのは苦手…」「長年の行動パターンは、なかなか変わらない…」。そのように感じられる人もいるかもしれません。それはある意味、当たり前のことです。習慣は、ちょっとやそっとのことではビクともしないくらい「自分のもの」になっているからこそ、習慣なのですから。

長年の習慣として染みついている**「抱え込みグセ」は一朝一夕には直らない**ものです。頭では「もう抱え込まない！　他の人に頼っていこう」と思っていたとしても、いざ目の前に問題が出てくると、一気に元の思考パターンに逆戻りしてしまう…ということも、珍しいことではありません。そうなってしまうのは、あなたが「できない」せいでも「努力不足」のせいでもありません。安心してください。

抱え込みグセに変わる**新しい思考や習慣がインプットされ、スムーズに自分の引き出しから出し入れできるようになるには、時間が必要**です。それまでは、焦らずに頑張っている自分を認め、褒めながらワークを継続してください。

【時間をかけて、抱え込む習慣を変えていこう】

あなたが抱え込みから卒業するときに起こる変化

変化の過程には好転反応がある

ワークや新しい行動を始めてからしばらくすると、前よりしんどいと感じるときがあるかもしれません。抱え込まないと決めたのに、ますます仕事の負担を強く感じるようになったり、自分を助けてくれない人にさらにイライラしたり…。そういった心の浮き沈みが激しくなる人もいるでしょう。

改善に向けて努力しているのに、一時的に症状が悪化したようにみえることを、心理学では**好転反応**といいます。

人によって、心理的な落ち込みに表れることもあれば、体調の悪化として表れることもあります。しかしこれは、変化の中で誰にでも起きること。どちらにしても、自分を責めるのではなく、しっかり休んで心身の回復に努めてください。

デトックス期を乗り越えよう

好転反応の期間は、古い自分を捨て去って、新しい思考や習慣が身につくまでのデトックス期間のようなもの。イライラしたり、落ち込んだりしても、あなたがダメになったわけではないのです。

自分の中で変化が起こっているけれど、まだ成果として外には出ていないだけなので、前に比べてよくなったところは必ずあります。それをちゃんと見つけて、認めてあげましょう。

大きく自分を変えようとするときほど、状況はすぐには改善せず、徐々によくなっていくもの。2、3か月くらいのスパンで変わっていけばいいと考え、しんどいとき

自分の心を変えるには、ダイエットと同じで3か月、半年と長い目で見てあげることが大切です。

は無理をせず、休みましょう。

あなたは前と同じ景色を見ているようで、前とは違うところにいるはずです。**螺旋《らせん》階段のように少しずつ上がっていくイメージ**を持ちましょう。

人間関係も変わっていく

好転反応の時期は、人間関係も変化していきます。

あなたがこれまでとは違う言動をするようになったことで、人付き合いのスタイルも変化していき、**これまであなたの近くにいた人が離れていくように感じる**こともあるでしょう。そのため、不安になってしまうこともあるかもしれません。

たとえば、あなたがイヤなことをきちんと断れるようになったとします。そうすると、何でも合わせてくれて、「ノー」と言わないあなたのことを「都合がいい」と感じていた人とは、疎遠になってしまうかもしれません。

そんなときも、焦る必要はありません。

変化の中で、疎遠になってしまう人もいれば、距離が近づく人もいるでしょう。はっきりと自己主張できるようになったあなたに親しみを感じ、自然と距離が近づいた人は、あなたを都合よく利用しようとする人ではありません。**嘘偽りのない本当のあなたを認めてくれる人**です。そういう人たちとのつながりを大切にすればいいのです。

【うまくいかないときは「好転反応かも」と考え、焦らない】

column

私は事務が苦手です

何を隠そう、私は書類作成などの事務仕事がとても苦手です。頑張ってやってもミスが多く、テンションがどんどん下がっていきます。

それでもなんとか一人でやろう、克服しようとしていたこともありましたが、最近はすっかり「白旗」をあげ、事務の得意な人にお願いしています。いわば他力本願です。

事務の得意な人は、私が驚くようなスピードで正確な書類を作成してくれます。私はそれを見て、「すごいなあ」「よく、そんなことができるなあ」と尊敬の念を深めています。代わりに私は、自分が得意な情報収集などの分野でその人をサポートすることもあります。

日々、感謝の気持ちいっぱいでその人に接しますから、人間関係も良好です。

自分が苦手なことを得意としている人は、必ずいます。そうした人と付き合いながら、頼り、頼られる信頼関係を築くことができたらいいのではないでしょうか。

5

ほどよい距離感で
ラク〜に生きる

人間関係「ほどほど」のコツ

もっともっとラクになっていい

これまでの章で、仕事やストレスを抱え込んでしまう理由を分析し、**抱え込み症候群から抜け出して「頼り上手」になる**ためのワークや方法を紹介しました。

「断ったら嫌われる」、「人に頼ってはいけない」、「もっと頑張らなければ…」。あなたを追い詰めるこうした呪縛から解き放たれたことを、実感していただけたでしょうか。

ここからは、**もっともっとラクに生きるための具体的なアドバイス**に入っていきます。

人間関係の抱え込みから卒業しよう

抱え込み症候群から抜け出す過程で、**「特定の苦手パターン」**をなんとかしたい、と相談にいらっしゃる人がいます。

・苦手な上司の前では、どうしてもイヤと言えず、抱え込んでしまう
・過去の失恋を引きずってしまい、自信が持てない

こうした特定の人間関係で生じるイライラやモヤモヤも、スッキリ手放すことができます。

人間関係を抱え込まずにラクに生きるためのキーワードは「ほどほど」です。

これまでに紹介したワークや方法を取り入れながら、実践してみましょう。

【ワークを活用し、抱え込まない「ほどほど」の人付き合いを】

ケース
1

苦手な上司に振り回されてしまうときは

Aさん（40代女性・会社員）の悩み

気分屋で自分勝手な上司（部長）との関係に悩んでいます。あるプロジェクトのリーダーを任されたのですが、部長の気分によって全体の方針がコロコロ変わり、従わないとものすごく機嫌が悪くなってしまうので、振り回され、心身ともに疲れてしまいました。プロジェクトの完成後には「すべて自分の手柄」として社長や取締役にアピールしていて、ますますがっかりです。

自分を振り回してくる苦手な上司との関係を抱え込まないようにするには、どうしたらいいでしょうか。

完璧な上司はいない

いわゆる「無能な上司」問題に悩む人は少なくありません。

実力はピカイチで性格も文句なし、そんなスーパーマンのような上司とはそうそう巡り会えるものではありません。何かしら問題のある上司と付き合っていかなければならないのは、どの職場でもあることです。

しかし、その上司が気分屋だったり、高圧的だったりするときは、**真面目で敏感な人ほど被害者になりやすく、振り回されてしまいます**。

「無能な上司」を「有能で物わかりのいい上司」に変えるのは難しいかもしれませんが、**「この人に振り回されている」と思ったときに、思考を転換する**ことはできます。

まずは、**「自分が力をつける、またとないチャンス」だとポジティブに受け止めること**。有能な上司の下で働いているときは、さまざまな問題を上司が解決してくれるでしょう。一方、そうではない上司のときは、あなたのところに解決すべき問題が降りかかってきます。

それを面倒だ、大変だと受身の姿勢でとらえていると「振り回されている」感覚から抜け出せなくなってしまいます。しかし、「自分は今、〇〇の力をつけるトレーニングをしている」と考えると、気持ちが変わりませんか。

自分が成長できるチャンスだととらえて、できることをやるという意識でいると、考えや行動の主体があなた自身になります。その結果、**他人軸ではなく自分軸で生きられるようになり、他人に振り回されることが少なくなる**はずです。

評価の基準はあくまで自分

あなたの成し遂げたことを、あたかも自分がやったかのようにアピールされるのは、成果を横取りされたようで、気持ちのいいものではありませんね。

しかし、それで**あなたの身につけた能力まで奪われてしまうわけではありません**。

あなたが上司と部下との調整に尽力し、プロジェクトを完遂させたことで得た経験は、けっして消えません。努力し、成長を遂げた自分を誇りに思えばいいのです。

ここでも、あくまで**自分を軸にして考えることがポイント。すると、上司の自分勝**

手な言動に感情を乱されることは少なくなるでしょう。

【成長できるチャンスだととらえ、自分を励まそう】

ケース
2

仕事でのミスを引きずって会社に行きたくないときは

Bさん（30代男性・会社員）の悩み

先日、仕事で大きなミスをしてしまいました。

上司のフォローも受けて、大きなトラブルにはならずに問題は収まったのですが、それからというもの、会社に行く気が起きず、朝起きるのが憂鬱で仕方ありません。

誰かにミスのことで陰口を言われているのではないかと思ったり、自分はこの仕事に向いていないのかもしれないと悶々としたりします。一つのミスをいつまでも引きずってしまい、気分が晴れないのです。

場所や行動を変えれば、気分も変わる

抱え込みやすい人は、真面目で自分に対して厳しい傾向にあります。自分のミスが許せないと感じるのも、自分に対して厳しく、高いハードルを課しているがゆえのことです。

一生懸命頑張っているぶん、一つのミスで、これまでに積み重ねてきたものが崩れ落ちてしまうように思うのでしょう。しかし、そんなことはありません。

落ち込みから抜け出せないときは、ミスという**「過去」に引きずられている気持ちを、「今、ここ」に戻してあげる**ように心がけましょう。

「今、ここ」に意識を向けるには、**「場所を変えること」**と**「今すぐできることをする」**のが一番です。

たとえば、トイレに行くとか散歩に行くなど、場所を変えてみましょう。場所を変えると、考えの堂々巡りにストップをかけることができます。気分が変わるのも実感できるでしょう。

また、お茶をいれるとか、デスクまわりを片づけるなど、すぐできる簡単なことをするのも効果的。手を叩いたり、天井を見上げるなど、簡単な動作でもいいでしょう。

こんなふうにして**「今、ここ」に心と体を戻すようにすれば、過去を上手に切り離すことができるようになります**。

「朝、会社に行く足取りが重い…」というときは、最寄り駅までのルートを変えてみるだけでも、気分が変わります。

書き出すワークも有効

30代に入ると、中間管理職として部下のミスをフォローしたり、反対に上司のミスを背負うことになったりというケースも出てくるでしょう。

「本当は自分のせいではないのに…」とモヤモヤした気持ちを抱えながらも、表向きは何も言うことができない場面もあるかもしれません。

こうした中で、心の中にどうしてもモヤモヤしたものが残ってしまうときは、思い切って吐き出してしまいましょう。誰かに話したり、3章・4章で紹介したワークのように書き出すのが効果的。一人で考え込むのをやめて、外に出すのです。

書き出すときは、「ノートに書き出すワーク」（↓106ページ）のように、紙や日記帳に思いつくまま書き出す形でもいいですし、「出さない手紙を書くワーク」（↓128ページ）のように、上司や部下に宛てて、言えないことを手紙にしたためてもいいでしょう。

書いている最中は辛い気持ちになることもあるかもしれませんが、書き出した後は、**抱え込んでいた気持ちを自分から切り離してスッキリ**することができます。

また、**心の中にあるものを書き出してみると、状況や物事を客観的に見られるようにもなります**。すると解決策が浮かんだり、過度に自分のせいにしなくなることも。「今度からはこうしよう」と前向きにとらえられるようにもなるでしょう。

【「今」に集中し、モヤモヤを吐き出して、スッキリさせる】

ケース
3

自己主張が激しく、何かと批判してくる部下の扱いに困っているときは

Cさん（40代男性・会社員）の悩み

何事にも自信満々で、自分の意見を押し通そうとする強気な部下の扱いに悩んでいます。

行動力があり、自分が納得した仕事は完璧にしてくれるのですが、そうでないときは、ことあるごとに「納得いきません！」と反論し、いさめると、敵意をむき出しにしてきます。挙げ句の果てには、私のことを「ダメな上司」だとまわりに言いふらす始末です。

部下の目を気にしてこちらが縮こまってしまい、どちらが上司かわかりません。

自分軸で生きるには

部下との付き合いに悩み、縮こまって仕事をしているというのは、さぞかししんどいことだとお察しします。

もし、あなたが「ダメな上司」だと言いふらされたことを気にしてビクビクしてしまっているのだとしたら、あなたの価値判断の基準は、自分ではなく他人のほうにあるのかもしれません。それはすなわち、自分軸で生きられていないということ。

そのままでは、この部下に対してはなんとかやり過ごすことができても、どこかで壁にぶつかってしまうでしょう。**他人の目を気にしすぎてストレスを抱え込み、心身に不調をきたしてしまう**ことにもなりかねません。

そんなときは、3章で紹介した「おまじないを唱えるワーク」（↓104ページ）で、**自分に焦点を当てることを意識**してみてはいかがでしょうか。また、148ページで紹介したように、自分を主語にし、目的意識を持って仕事をする方法も有効です。

2・6・2の法則

ところで、ビジネス書などで紹介される「2・6・2の法則」をご存知ですか。

組織では、だいたい2割の人が高いモチベーションですばらしい仕事をし、6割の人がそこそこの働きをし、残りの2割の人があまり働かないという経験則があります。働きアリなど人間以外の生物にも、同様の傾向があることが知られています。

この法則と似たようなことが、人間関係にも当てはまります。

あなたのことを知っている人のうち、2割はあなたのことをよく思っている、いわばあなたのファンです。そして6割は、好きでも嫌いでもないフラットな感情を抱いている普通の人。残りの2割は、あなたのことをよく思っていない人。アンチと言ってもいいかもしれません。

大勢のファンに囲まれる芸能人やスポーツ選手にも、アンチはいます。

つまり、**どんな人でもすべての人から好かれることはあり得ない**のです。

あなたに敵対心をむき出しにしてくる人のことを気にするのは、「アンチをなんとかしたい」という思いがあるからでしょう。マイナスの感情を受け止めて対処していくことは、多大なエネルギーを費やし、心身ともに疲れてしまいます。

それよりもお勧めなのが、「この人は2割のアンチなんだな」と受け止め、気を取られないこと。すると**アンチに費やす時間が減り、あなたのエネルギーが残ります。そのエネルギーを、あなたを気にかけてくれるファンに向けて使う**のはどうでしょう。

一対一で話そう

それでもアンチと関わっていかなければならないときは、一対一で話す機会をたくさん作ること。**相手ときちんと向き合い、理解してあげようという姿勢で話を聞き続けましょう**。すると、本人には意外に悪気がないことがわかったり、仕事に対して熱心に取り組もうとしているなど、新たな発見があります。

相手の言動の理由や思いがわかれば、相手への印象も変わるでしょう。

【アンチもいれば、ファンもいる。アンチへの対応ばかりに気を取られない】

ケース
4

家族のために尽くしても、報われない気持ちが募るときは

Dさん（40代女性・主婦）の悩み

家族のために、主婦として日々家のことを頑張ってきたのですが、最近は「報われない」と感じ、やるせない気持ちになることが増えてきました。

夫は仕事で疲れて帰ってきて、「ただいま」の一言もありません。中学生になる息子は反抗期に入り、スマホを見ながら黙々と食事をしています。二人とも、いつも手作りの食事が用意されているのが当たり前だと思っているようです。

好きな仕事を辞めて家庭に入ったのに、自分は何をしているのだろう…と思うことがあります。

家族への不満は自分にも返ってくる

人間関係では、**「自分が発したものが返ってくる」**ということがよくあります。

たとえば理解のないだんなさんに対して、否定するような言葉をかけたり、そういった気持ちを持ったりすると、同じことを相手からもされるということが起きてきます。

説得しようとすると説得されるし、コントロールしようとするとされます。相手との間により深い溝ができ、悪循環になってしまいます。

ですから、「頑張っているのに報われない」と感じたときに、「認めてくれない、理解のない夫だ！」とピリピリしていると、その雰囲気はだんなさんにも伝わります。そうすると、だんなさんは「俺だって、こんなに仕事が大変なんだぞ」という気持ちになり、「どちらが大変か」の争いになってしまうのです。

夫婦や親子は、相手の気持ちに影響され、同じようなことを考えてしまうということがよくあるのです。

まずは自分で自分を満たす

頑張ったことに対してねぎらいの言葉がないときは、むなしい気持ちになってしまいますよね。認められていない、理解してもらえていないとマイナスの気持ちを抱え込んでしまいます。

人からの評価を求める気持ちに対しては、これまでも「自分軸で生きましょう」とアドバイスしてきました。そのための一つの手段として「自己充足」という方法があります。**自分のやりたいことをする、好きなことを素直に楽しむなど、自分で自分を満たしていく**のです。

「今日はライブに行ってくるから、ご飯は食べておいてね」などと、家族に協力をお願いして、これまでガマンしていたことを好きなようにやってみましょう。抱え込んでいた心がほどけて、リフレッシュできます。

だんなさんとの関係に悩んでいる人によくあることなのですが、**自分が自分らしくあろうと好きなことをやっていると、徐々に相手のほうも変わってくる**ようです。

最初は文句を言ったり否定していただんなさんも、だんだん文句を言わなくなって、最終的には奥さんを応援するようになるケースが非常によくあります。自己充足を大切にすることは、家族関係をいい方向に変えるチャンスにもなります。そのため、罪悪感を持つ必要はありません。いかに自分を楽しませるか、自分が喜ぶことをどれだけたくさんできるかに集中しましょう。

【好きなことをすると、家族仲もよくなる】

好きなことをして、自分を満たしてあげる。そうすると、家族との関係もよくなり、相手のいいところを見る余裕が生まれます。感謝の気持ちを持って接していると、家族も変わってきます。「ありがとう」の気持ちを伝え合える関係になるように、まずは自分から変わっていきましょう。

ケース
5
口うるさい義両親との付き合いに悩んでいるときは

Eさん（20代女性・会社員）の悩み

最近結婚し、夫の実家の近くに引っ越したのですが、義理の母との付き合い方に悩んでいます。

「結婚したんだから、仕事辞めたら？」「ちゃんとご飯は作ってるの？」など、とにかくいろいろなことに口出ししてきて、自分の思い通りにいかないと怒ります。夫は「放っておけばいいよ」と我関せず。

近くに住んでいるため、関係を切ってしまうこともできず、距離感を測りかねている状態です。

客観的にとらえ、ダメージから自分を守る

最近では、お正月にだんなさんの実家に行くのが憂鬱になる「正月ブルー」という言葉もあるようです。義両親との付き合いに悩む人は多いですね。

家が離れている場合は、自分はできるだけ直接関わらず、だんなさんにやりとりしてもらうこともできるでしょう。しかし、家が近い場合はそれも難しいところです。

苦手な人との付き合いでは、「自分が○○と言われた」「相手に○○された」という**受身や被害者の意識を持ってしまいがち**。そこから抜け出すには、**心をフラットにして、状況を客観的にとらえる**ことをお勧めしています。

誰かを苦手だと感じるときは、その人の言っている内容そのものではなく、**言い方や態度など、その人のやり方が嫌い**だという場合が多いのです。

相手とのやりとりを客観的にとらえるようにすると、嫌味っぽい言い方やしかめっ面などに引きずられずに言葉や状況を受け止めることができます。すると、「内容自

体は、意外といいことを言ってる。言い方がキツイだけなんだ」と気づけたり、「じつは私のためを思ってくれているのかも」とプラスの面が見えてきたりします。

また、「自分は嫁姑関係の研究者なのだ。将来これで1冊の本を書いてやる！」と思うのもお勧め。こうすれば、たとえ理不尽な目にあっても、ダメージを直接受けるのではなく、ワンクッション挟んで受け止めることができます。

笑いやユーモアで見てみる

また、少し専門的になりますが、**「象徴化（シンボライズ）」という手法によって、視点を変える**ことも有効です。

「芸能人では○○に似てるな」「アニメの悪役キャラの○○にそっくり」というように、苦手な相手を象徴的なキャラクターに見立て、そのキャラがしゃべっているように考えるのです。そうすると、辛い状況から視点が変わり、くすっと笑って受け流せることも。

「愚痴マシーン」など、面白いあだ名をつけるのも手ですね。ただし、間違って相手に直接あだ名で呼びかけないように注意が必要です。

ケース
6

学生時代にいじめにあった経験から自分に自信が持てないときは

Fさん（40代女性・自営業）の悩み

学生時代に友人グループから無視されるなど、いじめを受けていたことがあります。もうその人たちとは会うこともありませんが、大人になった今でも、ふとしたときにそのことを思い出し、ビクビクしてしまいます。

接客の仕事をしていても、自信を持ってふるまうことができません。「さっきのお客様、気を悪くされていたのかしら」と細かいところまで気になって、気が休まるときがないのです。

勇気を出して、過去と向き合ってみよう

辛い過去をお持ちのようですね。

何かしらうまくいかない問題を抱えていて、その原因が過去にあると考えられるときは、しんどいことですが、過去と向き合うのが一番の解決策です。

過去の辛い体験がトラウマになっていて、それをリアルな感覚で苦痛を伴って思い出してしまう「フラッシュバック」に悩む相談者には、「ノートに書き出すワーク」（→106ページ）をお勧めすることが多いです。

今の自分に対する気持ち、辛い経験をした当時の自分への気持ち、いじめた相手に対する気持ちなど、何でも構いません。心の中に抱え込んでしまわないように、外に出しましょう。そうすることで、過去への思いを自分の中で整理することができます。

一人で行うのが難しい人は、カウンセラーなど、安心して話せる人に聞いてもらうのもお勧めです。

「出さない手紙」で自分を癒す

また、過去の辛い体験を引きずってしまう一因として、**辛い目にあった過去の自分を、現在の自分がいじめ続けてしまう**ということが挙げられます。「私は誰からも好かれない」「私はダメなんだ」といった言葉を自分で自分にかけ、苦しみを募らせていくのです。

これは失恋などでも同じケースがあります。振られた自分を今の自分が否定し続けていて、それが苦しみを引きずる原因になるのです。本来なら味方であるはずのあなた自身が自分の古傷をえぐっているのですから、治るものも治りません。

そんな人には、「出さない手紙を書くワーク」（↓128ページ）がお勧めです。宛先は、いじめを受けていた当時の自分です。「辛かったね、苦しかったね。でもよく頑張ったね」と、そのときの自分をいたわり、癒してあげましょう。

傷ついた自分を理解し、ちゃんと愛してあげる。このプロセスを抜かさないことです。

傷ついた自分を愛し、癒すことができれば、過去に意識が引きずられることも減っていきます。すると今の自分にも目がいき、「自分はこれでいいのだ」と自信を持てるようになるでしょう。

あなたが生きているのは「今」です。苦しい過去にとらわれないよう、自分で自分を癒していきましょう。

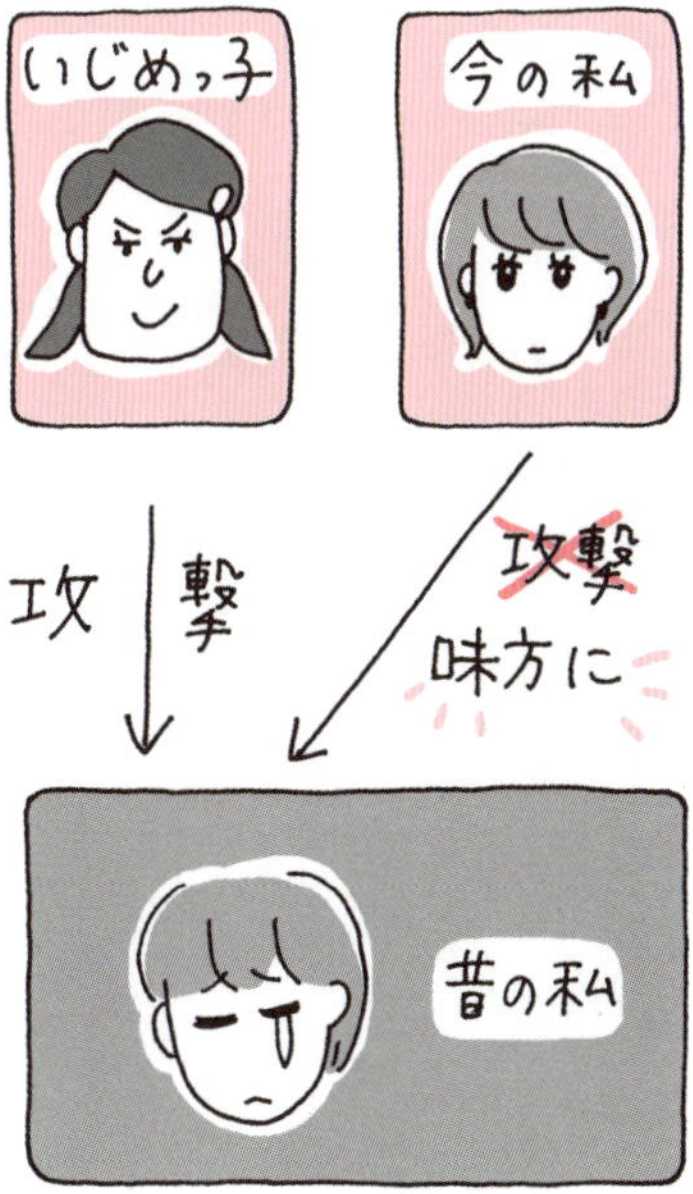

ケース
7

恋愛で、ダメな人にばかり尽くしてしまうときは

Gさん（30代女性・会社員）の悩み

早く結婚したいのですが、頼られてばかりの恋愛が続いていて、うまくいきません。夢を追う姿が素敵だと思い、付き合っても、仕事が長続きしない人ばかり。そんな彼を支えようと、身の回りの世話をしたり、お金を貸すなどして尽くしても、結果「重い」「うっとうしい」と言われ、振られてしまったこともありました。

尽くしているばかりで報われない恋愛パターンを変えるには、どうしたらいいでしょうか。

人は「自分に合う」人を求める

ダメな人とばかり付き合ってしまう理由はいろいろありますが、一つ言えることは、**人間関係は基本的に対等**だということ。これは、恋愛に限ったことではありません。パートナーは、「自分を映す鏡」でもあります。ダメな人とばかり付き合ってしまうのは、無意識のうちに「この人が私にはちょうどいい」と思っているのです。そしてその背景には、あなた自身の自己肯定感の低さがあります。**自分のことを正当に評価していないから、ダメな人を「自分に釣り合う人」として選んでしまう**のです。そのため、尽くしても報われない恋愛が続いてしまうのでしょう。

憧れの人が持っている魅力も、自分の一部

そこから抜け出すカギは、自分の価値や魅力に自信を持つことです。「私にはこんないいところがある」「こんな魅力がある」ということを見つけ、受け入れていきましょう。すると自己肯定感が上がり、素敵な自分にふさわしい人と出会いたくなる気

持ちになります。自分の魅力を知ったうえで、その魅力を誰に与えたいのか、誰と分かち合いたいのかを考えましょう。

自己肯定感を上げることをテーマにした拙著でも紹介しましたが、自分の魅力に気づく簡単な方法があります。それは、**自分がいいなと思っている友人や憧れの人のことを思い浮かべ、どこが魅力的なのかを考える**ことです。

いつも穏やかに話を聞いてくれるやさしさだったり、辛いときにジョークで元気づけてくれる朗らかさだったり、いろいろなことが思い浮かぶでしょう。

じつはそのときに思い浮かんだことは、あなた自身が持ち合わせている魅力でもあるのです。

人は、地位や名誉など、自分が持ち合わせていないものをうらやましく感じることもありますが、**自分にない魅力は評価することができません**。自分にないものには違和感を覚えたり、「よくわからない」と感じるのです。そのため、自分が「いいな」と思うものは、自分の内面にもあるはず。他人に見る魅力は、あなたの中にもあるのです。

「よくわからないものは評価できない」ことの例えとして、関西の人に「竹輪麩《ちくわぶ》ってわかる？」と尋ねることがあります。関東ではおなじみです。

自分が変われば、相手も変化する

あなたが自信を持って生き生きと毎日を過ごしていれば、あなたのアンテナに引っかかる相手も変わってきます。**これまでの自分なら好きにならなかったような人を好きになり**、恋愛に発展することもあるでしょう。これが恋愛パターンを変えるということです。

また、今付き合っている相手にダメな面があるとしても、あなたが変化することで、影響を受けることもあります。20年以上定職についていなかった人が、パートナーの影響を受けて急に定職についたという実例もあります。

あなたの心が変われば、恋愛も夫婦関係もどんどんよくなっていくでしょう。

【相手は自分の鏡、自分がレベルアップすれば相手も変わる】

ケース
8

辛い失恋を引きずって、次の恋愛に踏み出せないときは

Hさん（30代女性・会社員）の悩み

半年前に、学生時代から5年間付き合っていた彼に振られました。彼は、私と別れたあとほどなくして、若くて可愛い後輩と結婚を決めました。彼との結婚も考えていたのでショックは大きく、なかなか次の恋愛に踏み出せません。

次々と結婚していく友人を横目に、「このまま年をとっていったら、どうなってしまうのだろう」と、漠然とした不安を抱えて辛いです。

焦らなくても大丈夫

過去の失恋経験から抜け出せず、次に進めないという相談を受けることもよくあります。168ページでもお話ししたように、過去の傷を自分でえぐってしまい、悪循環に陥ってしまうのです。

こういうときは「出さない手紙を書くワーク」（↓128ページ）などで辛かった気持ちに向き合い、癒してあげることが大切です。

とはいえ、**焦って次の恋愛に踏み出そうとする必要はありません**。あなたが本当に恋愛をしたいという気持ちになるまで、自己肯定感を上げながら、ゆっくり構えていればいいのです。

一方、いつまでも過去の失恋を大義名分にして、「新しい恋愛は無理」と立ち止まっているときは、完全に自信を失っている可能性も。172ページで紹介した方法で、自分の魅力に気づくのも有効な解決策です。自分の魅力に気づき、自信を取り戻していくにつれて、また恋愛がしたいという気持ちも芽生えてくるでしょう。

自信を取り戻すことができれば、失恋したことも違う目で振り返ることができます。**「辛かったけれど、そのおかげで成長できた」とポジティブな部分も見つけられれば、気持ちにも区切りがつき、明るく次に進む**ことができるでしょう。

年をとるのは素敵なこと

元彼が若い女性を結婚相手に選んだことで、「女性は結局若いほうがいい」という間違った認識を持ってしまったのだとしたら、とても残念なことです。

とはいえ、男性に比べて女性のほうが「老いへの恐怖」を感じやすいということはあります。世間で「美魔女」がもてはやされるのも、「若くないのに美しさをキープしている」という、若さを頂点とした価値観があるからこそと言えるかもしれません。

そんな中で、年齢を重ねることをポジティブに受け止め、「自分はもう○歳だから…」と悲観的にならないで恋愛をしていくには、どうしたらいいのでしょうか。

そのためにはまず、**自分の好きなことに没頭する**ことが大切です。

まわりを見回してみてください。芸能人でも身近な人でも、いい年のとり方をしている人は、たくさんいます。その人たちは自分の好きなことをして、キラキラと輝いていませんか。

「女性は若いうちに結婚するべき」「ミニスカートは若い女性が履くもの」というような、年齢で区切る価値観は過去のもの。今では年齢にも社会にも縛られず、自分の好きなスタイルで人生を謳歌している人が増えています。

そんな素敵な先輩がたをお手本にして、あなたも自分の好きなことにトライしていきましょう。その中であなたの才能や魅力もどんどん磨かれていきます。その先に、素敵な出会いがあるかもしれません。

【自分を輝かせるのは、アンチエイジングより好きなことをすること】

家族や友達が抱え込んでいるときは

アドバイスが負担になることも

ここまでは、「自分が抱え込んでしまうのをどう解消していくか」ということを見てきました。ここからは少し目線を変えて、大切な家族や友達が仕事やストレスを抱え込んでいるときは、どうしたらいいかを見ていきましょう。

まわりに辛そうな人がいると、「そんなに背負わなくて大丈夫だよ」「少し休んだら」と声をかけたくなる人が多いと思います。とくに**しっかり者タイプ**の人は、しんどそうな人がいると、気になって仕方ありません。何かアドバイスしたり、助けなくてはと思うでしょう。

しかし、そのような好意が裏目に出てしまうこともあるのです。

懸命に頑張っている人に対して、「こんなことをしていたらしんどくなるだけだから、やめなよ」という言葉は、ときに**相手への全否定として響いてしまう**ことがあるのです。すると、相手の反発を招き、関係がギクシャクしてしまうこともあるでしょう。

それを繰り返すと**「おせっかい」「過干渉」と受け取られ、どんどん相手の心は閉じていきます**。あなたの前では何も問題がないようにふるまい、コソコソと陰で抱え込む…なんていうことにもなりかねません。

夫婦や直属の上司・部下など、比較的近い関係の中で、こうしたトラブルに発展するケースが多くなっています。

信頼をベースに声かけを

そんなときは、**「自分と相手の事情は違う」ということを理解したうえで、相手を信頼する**ことが重要です。

いいとか悪いとかいうのは、あくまであなたの判断にすぎません。

当事者は「抱え込んでいる」という意識がないことだってありますし、そのほうがラクだからそうしているということもあります。人によってはネガティブな状態でいることが嫌いじゃないこともあります。ですから、その人が本当にそれで悩んで困っているかどうかの判断が、とても難しいのです。

相手が「抱え込んでいる自分」に気づき、変わりたいと思ったときが、サポートするチャンスです。それまでは**オープンな態度で接し、何かあったら相談に乗るよ、話を聞くよという姿勢**でいましょう。

抱え込まずに生きる見本になろう

そして、相手にアドバイスするよりも効き目のある方法が、**「自分が見本になる」**ということです。相手を変えようとするのではなく、**自分が率先して抱え込まない、ラクな生き方を実践する**のです。

「なんだかラクそうに見えるんだけど、どうやったらそんなふうにできるの？」と質問されるくらいまで、自分が見本になってみましょう。

人は干渉されればされるほど、心が閉じてしまいます。アドバイスされたりサポートされたりしてそのときは解決したとしても、**自分の実感が伴っていなければ、一時的な変化にとどまり、すぐに元に戻ってしまいます**。

まずは信頼すること。そして、いつでもオープンな姿勢でいること。

そのうえで、相手から「マネしたい」と思われるような、抱え込まないお手本を目指してみましょう。

大切な人の変化に寄り添い、ともにラクな生き方を実践していけたらいいですね。

【相手を否定するのではなく、信頼して、寄り添おう】

column

好きなことをするには

ある人が独立起業したいと相談にやって来ました。具体的な起業のプランもあるものの、職場や家族から「考えが甘い」と猛反対にあい、心が揺れているのだと言っていました。

彼女にビジネスセミナーへの参加を勧めたところ、目を輝かせて戻ってきました。そこで出会った人たちに起業のプランを話したら、「もっとこうしたほうがいい」など、前向きなアドバイスをたくさんもらえたのだそうです。

独立して半年ほどたったときに再会したところ、「もっと早く独立しておけばよかった」と満面の笑み。事業は順調で、収入も大幅に増えたのだそうです。

もし、あなたが好きなことをしたい、夢を叶えたいと思ったら、そのような人の近くに行くことをお勧めします。なりたい自分になろうと努力している人がいる環境は、あなたにも好影響を及ぼすでしょう。

同じように、抱え込んでしまう人は、自由に生きている人と出会う機会を増やすといいと思います。最初は感情的な抵抗が生まれるかもしれませんが、しばらくすると、「私もこんなふうに生きられるかもしれない」と気持ちが変化していくのを実感するはずです。

6

抱え込むのも悪くない

抱え込んでしまった自分のことも受け入れる

ちょっと視点を変えてみよう

ここまで「抱え込みはよくない」ということをお伝えし、抱え込みから脱出するための方法やワーク、人付き合いのコツなどを紹介してきました。

この章では少し視点を変えて、**「抱え込みも悪くない」「抱え込んでしまう自分のことも受け入れてしまおう」**ということをお伝えしたいと思います。

抱え込みストレス度を加速させる「二重の否定」

抱え込まないようにするワークを実践していたのに、いざというときに断れず、気乗りしない誘いに参加してしまった。そんなとき、あなたはどのように感じますか。

「ああ、また抱え込んでしまった。結局、私って変われない、ダメな人間だ…」。

「こんなことでイヤな気分になっている。誘ってくれた人にも申し訳ない…」。

何かを抱え込んだ時点で、あなたは大きなストレスを感じています。そこにこういったマイナスの自己評価が重なれば、**自分をさらに追い込んでしまいます**。いわば、死者に鞭打つような行為です。

こうした評価を繰り返していくと、どんどん自分がすり減り、心も体も疲れ果ててしまうでしょう。

ストレスを感じる状況になったとき、それによって**イヤな気分になるのは当然のこ**

「すぐにはうまくいかないもの」という原則を忘れないようにしましょう。三歩進んで二歩下がるようなイメージで、ゆっくり進みましょう。

とです。そのとき「イヤだ」と感じている自分のことまで否定してしまうと、一向に気持ちが晴れることはありません。モヤモヤの中に自分から突っ込み、抜け出せないようにしているようなものですから。

こういうときは「ああ、自分は今、イヤな気分になっているな」といったん認め、**マイナスの感情を抱えている自分をさらに追い込まない**ように気をつけましょう。

・抱え込んでしまったときも、「自分はダメだ」と思わない
・後悔したり自分を責めたりするのではなく、「次からはこうしよう」と思う

こう考えるクセを意識づければ、自分で自分を責めることも減っていくでしょう。

責めるのではなく、褒める

また、このように考えるクセをつけるためにお勧めなのが「自分褒め」です。

抱え込む人は、自分で自分を褒めることが苦手だと、前に紹介しました。なので、どんな小さなことでもいいので「責めるより、褒める」ことを意識してみるようにしましょう。

頑張ったときは、誰がどのような反応をしようとも「偉い！ よくやった！」と自分を褒める。また、イヤな上司の指示にガマンして従ったときも、「よく耐えたね、偉いよ」と自分をねぎらってあげるのです。

このように、自分への声かけを変えていくと、抱え込んでしまったことへの罪悪感も和らいでいきます。そして、頑張っている自分を認められるようになるでしょう。

「私って偉い」と、照れることなく心の中でつぶやこう

抱え込んだぶんだけ、成長できる

抱え込み＝筋トレ説

それでもやっぱり抱え込んでしまう。

変われない自分をダメだと感じてしまう。

そんなあなたにお伝えしたいのは、**「抱え込むことは悪いことばかりじゃない」**ということです。

これまでと反対のことを言っているように思われるかもしれませんが、「じつはこんな面もある」と読みながら感じていただければありがたいです。

スポーツ選手は限界以上の負荷をかけることで自分を追い込み、自分の限界値を上げていきます。そうすることで、以前はキツいと感じていた負荷も徐々にラクに感じられるようになり、レベルアップにつながっていくのです。

あなたが仕事やプライベートで直面する問題も、**スポーツ選手にとっての負荷のようなもの**だと言えます。いわば、仕事や問題によって日々筋トレし、社会人や大人としての能力を鍛えているのです。

ですから、「また抱え込んでしまった…」と自己嫌悪に陥りそうなときは、「また筋トレしちゃった。けっこう力がついてきたかな」と発想を切り替えてみましょう。深刻だった状況が笑えてきたり、前向きなイメージに変わったりします。

どんな経験も財産になる

自分の限界以上の仕事を引き受けて、大失敗してしまった。

ストレスで容量オーバーになり、みんなの前で取り乱してしまった。

たくさん抱え込んできた人は、それだけ抱え込める「器」が大きい人なのです。

そんな経験をお持ちの人は、抱え込むことに対して過敏になってしまいがちです。

しかし、抱え込むことはけっして悪いことばかりではないのです。

いつも無理をしてばかりではパンクしてしまいますが、ときには急な仕事を引き受けて対応に奔走したり、「私にはちょっと難しいかも…」という問題に挑戦したりすることは、自分の成長につながります。

大変な思いをして問題をクリアした後に待っているのは、これまでとは違う自分のはず。

「あれ？　この前はこの仕事で右往左往していたのに、今は簡単にできるようになっている」と、**自分の経験値が上がっていることを実感する**かもしれません。

しんどいことを「しんどい」と思いながらもやってみる。そうすることによって、得られることはたくさんあります。

抱え込んでしまった経験も、それによって失敗した経験も、あなたを彩る大切な財産です。そう思えば、肩の力を抜いて、日々の問題と前向きに取り組むことができるのではないでしょうか。

抱え込むことが、プラスにもなる

そして、あなたが抱え込んだ経験は、まわりの人にもプラスの影響をもたらすことがあります。

苦い経験も経て抱え込みから卒業したあなたは、**他の人の気持ちをわかってあげることができる**はず。抱え込んでいる人の仕事を手伝ったり、ラクな生き方のお手本を示したりすることができるでしょう。人としても大きく成長し、自分に自信や価値を感じられるようにもなると思います。

あなたの頑張りは、いつかきっと報われます。

抱え込んでしまう自分も、そこから抜け出そうとしている自分も認め、生き生きと毎日を過ごしていきましょう。

【抱え込むことも悪くない】

column

自分が変われる場所に行こう

自由に生きたい。変わりたい。そう思っている人に私がお勧めしているのが、「アウェイの場所」に行くことです。普段なら行かないような場所、普段なら付き合わないような人のいるところに、自分から出かけていくのです。

たとえば、あえて平日の昼下がりにシティホテルのラウンジに行ってみます。アフタヌーンティーセットを囲んで楽しく談笑している女性達や、スーツを着ているのになぜか昼間からお酒を飲んでいる優雅なビジネスマン。自分とは異なる人達がそこにはいます。

そんな場所に行くと、最初はすごく「アウェイ感」を味わうはずです。しかし、何度かそのような場所に身を置くことで、それが「自分に対する許可」として潜在意識に降りてきます。「こんなふうに人生を楽しむこともできるんだ」と視野が広がり、自分の行動が少しずつ自由になるのを実感するはずです。

抱え込んでしまう人は、趣味を楽しむ人の集まりなどに顔を出してみるのもいいでしょう。

アウェイの居心地の悪さがプラスのフィードバックになり、刺激になる。それを体感することは、変わりたいと願うあなたに大きな後押しをくれるでしょう。

付録

ワークシート

自分の気持ちを見つめて、日記を書きましょう。自分を褒める言葉もプラスしましょう。

日付	感じたこと	自分を褒める言葉
／		
／		
／		
／		

日付	感じたこと	自分を褒める言葉
／		
／		
／		
／		
／		

 ※コピーしてお使いください。

日付	感じたこと	自分を褒める言葉
／		
／		
／		
／		
／		

日付	感じたこと	自分を褒める言葉
／		
／		
／		
／		
／		

 ※コピーしてお使いください。

ガマンリスト

あなたがやりたくないのにガマンしてやっていることを一つずつ、
大きな文字で書き出しましょう。

 ※コピーしてお使いください。

出さない手紙を書いてみましょう。

へ

 ※コピーしてお使いください。

ワイ　ワイ
ビールお待たせしましたー
君たちのおかげで、新製品のパンダ印せっけんは大ヒットだ！
よくやってくれたぞ!!
いやいや、そんな…
てれ♡
ビシッ
あんたじゃない!!

開発担当として、
取引先と
粘り強く交渉した
かおりくん
営業担当として、
多くの受注を
獲得した
美咲くん
そして家庭と両立し、
頼れるリーダーを
務めた
エミくん
がんばったね～
そして石田くん、
きみもよく頑張ったよ
ホッ！

なんだか気持ちが軽くなった気がするイメージワークや日記のおかげかしら
DIARY
これまでの私だったら、仕事を抱え込んで潰れていたのに…
仕事
今回は充実感でいっぱい!
私も。これまでより人に甘えられるようになった気がする
今日は夫に息子を任せてきたから

みんなイキイキしてるね！
次の仕事も頼んだよ！
マスター！ドンペリ入れちゃってください
キュポッ
よーしもう一軒行こう！
ウィ〜〜ッ
先輩たち〜助けてくださいよ〜
ずりずり
私たち、これから女子会なの
Noと言えるようになったことを祝して
ね、先生
おつかれ〜
お先でーす
みんな、いいネ！

著者プロフィール

根本 裕幸（ねもと・ひろゆき）

心理カウンセラー

1972年生まれ。大阪府在住。1997年より神戸メンタルサービス代表・平準司氏に師事。2000年よりプロのカウンセラーとして、延べ15,000本以上のカウンセリングと年間100本以上のセミナーを行う。2015年4月よりフリーのカウンセラー、講師、作家として活動を始める。

『頑張らなくても愛されて幸せな女性になる方法』、『こじれたココロのほぐし方』、『愛されるのはどっち？』（以上、リベラル社）、『心の地雷を踏まないコツ・踏んだときのコツ』（日本実業出版社）、『敏感すぎるあなたが7日間で自己肯定感をあげる方法』（あさ出版）など、多くの著書を手がける。テレビやラジオへの出演、企画・制作協力なども多数。

オフィシャルブログ

http://nemotohiroyuki.jp

イラスト　ヤマサキミノリ

装丁デザイン　小口翔平＋上坊菜々子（tobufune）

本文デザイン　渡辺靖子（リベラル社）

編集　堀友香（リベラル社）

編集人　伊藤光恵（リベラル社）

営業　津村卓（リベラル社）

編集部　上島俊秀

営業部　津田滋春・廣田修・青木ちはる・中西真奈美・榎正樹・澤順二

ついつい抱え込んでしまう人が
もう無理！と思ったら読む本

2018年3月26日　初版

著　者　根　本　裕　幸

発行者　隅　田　直　樹

発行所　株式会社　リベラル社
〒460-0008 名古屋市中区栄3-7-9 新鏡栄ビル8F
TEL 052-261-9101　FAX 052-261-9134
http://liberalsya.com

発　売　株式会社　星雲社
〒112-0005 東京都文京区水道1-3-30
TEL 03-3868-3275

ISBN978-4-434-24486-5

リベラル社　**好評既刊**

愛されるのはどっち？

根本裕幸 著（四六判／192ページ／1,200円＋税）

「男ゴコロがわからない」と悩んだことはありませんか？

本書では男女の考え方の違いを元に、様々なシチュエーションで男性に気持ちをうまく伝える方法を紹介。読み進めるほどに、あなたの恋愛や人間関係がラクになる1冊です。